中学生心理健康教育案例集

易法兵　主编

白光辉　高瑞娜　方 婷　参编

化学工业出版社

·北京·

《中学生心理健康教育案例集》是作者根据多年的中学生心理健康教育和心理辅导的工作经验，在吸取并借鉴本领域先进理论成果的基础上，紧密结合中学生学习生活中的心理案例编写而成。书中共59个案例，分为中学生情绪控制案例、环境适应案例、行为习惯案例、学习障碍案例、人际关系案例、学困生行为案例、自残行为案例7篇。每个案例包括基本情况、问题分析、干预和处理方案、干预效果和反思。每篇后的知识窗，对本类型的心理问题进行了综合解说。

本书以普及心理健康知识，为中学生提供心理健康指导为目的，可供心理分析师、中学教师、中学生家长参考使用。

图书在版编目（CIP）数据

中学生心理健康教育案例集/易法兵主编．—北京：化学工业出版社，2019.5（2025.2重印）

ISBN 978-7-122-34399-4

Ⅰ.①中…　Ⅱ.①易…　Ⅲ.①中学生-心理健康-健康教育-案例-汇编　Ⅳ.①G444

中国版本图书馆CIP数据核字（2019）第081112号

责任编辑：陶艳玲　　装帧设计：关　飞

责任校对：张雨彤

出版发行：化学工业出版社（北京市东城区青年湖南街13号　邮政编码100011）

印　　装：北京盛通数码印刷有限公司

710mm×1000mm　1/16　印张12¾　字数225千字　2025年2月北京第1版第6次印刷

购书咨询：010-64518888　　售后服务：010-64518899

网　　址：http://www.cip.com.cn

凡购买本书，如有缺损质量问题，本社销售中心负责调换。

定　　价：48.00元

前言 FOREWORD

中学生正处在身心发展的重要时期，随着生理、心理的发育和发展，社会阅历的扩展及思维方式的变化，在学习、人际交往、情绪调适、人格发展以及升学等方面可能会遇到或产生各种心理困扰或问题。进入新时代以来，社会进步巨大，随着国家各项改革进入深水区，社会竞争日益激烈，思想文化碰撞、价值观念多元化，这些在给中学生带来机遇的同时，也给他们的心灵世界造成了更大压力，由此导致中学生心理问题明显增多。

近年来，中学生的心理健康问题越来越引起党和政府、教育界及社会的高度重视。教育部《中小学心理健康教育指导纲要（2012 年修订）》指出，中小学心理健康教育是提高中小学生心理素质、促进其身心健康和谐发展的教育，是中小学素质教育的重要组成部分。加强中学生心理健康教育是全面贯彻党的教育方针、建设人力资源强国的重要举措，是推动基础教育改革、加强和改进中学生思想政治教育的重要任务。在中小学中开展心理健康教育是学生身心健康成长的需要，也是全面推进素质教育的必然要求。大量事实证明，只有具备良好的心理素质，才能在学习上、生活中、事业上发挥更大的正能量，创造出更有价值的人生。为此，我们在进行广东省教育科学“十三五”规划 2017 年度研究项目《激励型德育模式对中学生心理健康的影响与评价》（编号：2017JKDY68）研究的基础上，遵循突出应用性、注重理论联系实际的原则，编写了这本中学生心理健康教育案例。

本书根据作者多年的中学生心理健康教育和心理辅导的工作

经验，在吸取并借鉴本领域先进理论成果的基础上，紧密结合中学生学习生活中的心理案例编写而成的。本书以普及心理健康知识，为中学生提供心理健康指导为目的，旨在通过案例的叙述、分析来帮助中学教师解决在现实生活和学习中所遇到的学生心理困惑，为其处理好各种心理问题提供更好的实践指导。

本书汇聚了集体的智慧。由华南师大附中汕尾学校易法兵副校长负责框架设计和统稿工作，由白光辉主任和高瑞娜老师（国家二级心理咨询师）、方婷老师（国家三级心理咨询师）负责全书的主审和修改定稿，由一线班主任提供心理健康教育实例。

本书在编写过程中，参考和借鉴了国内外有关心理健康教育的大量文献，并引用了国内外专家、学者的研究成果，在此一并表示感谢。

在编写过程中，编者努力追求精益求精、内容完善，但由于水平所限，疏漏之处在所难免，敬请广大读者批评、指正和谅解。

编者

2019 年 3 月

目录 >>> CONTENTS

第五篇　人际关系案例 / 138

第六篇　学困生行为案例 / 172

第七篇　自残行为案例 / 190

参考文献 / 195

第一篇 情绪控制案例

1 逃离情绪的深坑

案例来源：王美玲

一、当事人基本材料及案例问题陈述

宝儿（化名）长期承担着班级的管理工作，面对班级问题总是第一时间出来处理，导致她与同学关系不是特别亲密。她跟班上另一位优秀的同学存在一定比较，从好朋友到学习上的对手，关系转变比较生硬，导致宝儿和该同学之间产生隔阂。好朋友的疏离，让她的心情更加低落。

宝儿小时候在亲戚家长大，六岁左右被接回，有一个弟弟。孩子六年未在家长身边，内心缺乏安全感，遇到困难容易选择逃避，希望时刻待在父母身边；而父母觉得对她有一定的亏欠，所以对她有求必应，从小到大灌输给她的思想都是"快乐成长，其他不重要"，这导致进入初三后宝儿产生了很强的畏难情绪，并多次提出退学转学等想法。

由于以上原因，宝儿在初三开学后一段时间，呈现出了非常低迷哀伤的状态，课堂上经常望书出神，学习效率低下。

二、案例问题分析

宝儿的情况属于焦虑过后产生的连锁反应，对自身认识不足，学习上没有足够的信心，根据叶克斯道森定律，焦虑与效率存在一定的函数关系，呈现倒U曲线关系，焦虑处于中等水平时对成功有帮助，过大则会阻碍学习和能力的发挥，可见她现在正处于过于焦虑阶段。

在与同学的交往中，看到学习竞争者越来越投入，反而会导致成绩的下滑，进而给自己一种心理暗示，即无论如何都无法超越对方，这就产生了心理学中常说的：习得性无助（目标无法达成后的自我放弃）。

三、干预和处理方案

开学初，宝儿表现出了非凡的积极状态，她对班级事务非常上心，在学习上也具有很强的自觉性。我一度认为这会是一个让我非常放心的孩子。

第一阶段：按兵不动。第一次月考之前，她突然情绪崩溃，跟我倾诉之前还有一定的顾虑，犹犹豫豫不肯将内心所想告诉我，我也没有强迫她，两个原因：第一，我刚刚接手，双方都还不够了解，家庭情况、学习状态、之前的表现等，在我这边基本是零印象，毫无准备的情况下很难触碰孩子的内心，而心理学中的首因效应告诉我，第一次交锋非常重要，可能直接决定接下来的教育进度能否顺利进行。我对每个孩子的认识都还很片面，面对宝儿的现实问题，我可能不很了解，如果贸然评价有可能会起到反效果。第二，我需要利用这个时机，来测试一下宝儿的抗压能力，如果她可以自愈，那么问题还比较好解决。所以我只是诚恳地安慰了她，并对她现在的情绪表示理解，利用共情原理，让她在潜意识中接纳我，为以后的教育做好铺垫。

第二阶段：了解内情。经历这次情绪崩盘之后，我主动对宝儿的情况作了了解，通过对班级同学的旁敲侧击，得知她的情绪问题有一定的历史了，容易敏感，情绪变化大，前一秒还欢天喜地，下一秒就可能梨花带雨，原因无非就是担心快乐不持久；我与前班主任做了沟通，得知孩子认真负责，对于班级不和谐的现象严厉打击，导致在班里人缘不够好，时常情绪低落；最后我找到她的家长，我认为这是重点方向，因为通过几次的教育，我发现，孩子每次周末返校时，情绪最差，甚至会表现出很暴躁的情况。我跟家长了解到孩子六岁回到父母身边，而且还有一个弟弟，内心时常会有不确定感，尤其是对亲情的依赖越发明显，而父母为了补偿亏欠而对她的要求基本是有求必应，而对她的成绩和未来发展，父母直言：“快乐就好”。通过了解内情，我基本理清了宝儿的问题：情绪起伏大，人缘一般；缺乏安全感；在学习上很要强，但没有明确目标方向，内心有一定的惰性；一旦被别人超越，则会选择逃避来掩饰失落。了解清楚后，我开始了对她长达一年的跟踪教育。

第三阶段：引导疏通。上次考试结束后宝儿成绩有了很大进步，本应该高兴，但第二次月考悄然来临，宝儿再次陷入焦躁，这回她又找到了我，我知道现在可以开始真正的帮助了。刚好那天要出板报，宝儿想请假回家，中午已经跟家长哭诉过了，状态不太好，我装作不知道情况，就跟她说，有个板报非她莫属，她碍于职责，就没推脱，在板报创作过程中，我有意无意地跟她聊聊轻松的话题，说说儿时的趣事，半小时一会就过去了，孩子脸上又恢复了生气，然后对我说，谢谢！还狡黠地眨眨眼，我知道，她明白了我的用意。

教育从来不是一蹴而就的，这种心理上的情况更不是三言两语可以解决的，所幸我早已做好了打持久战的准备。果然，不到一个月的时间，宝儿又找到我。这回她没有遮掩，开门见山跟我陈述了她的想法和顾虑：学习的意义是什么？工作的意义是什么？为什么不能直接享受快乐？我给她讲了很多真实的例子，她似懂非懂。后来我跟她说，回忆一下你小学时的学习能力，如果停留在那一刻，你愿意吗？她坚定摇头。我又说，其实若干年后，你也会对现在的认知水平表示同情的，人的成长在于不断告别旧的自己，迎接新的生活，一成不变的日子充满腐朽的味道。

第三次月考很快来了，她的情况虽有好转，但看到同学们的努力，多少还会有点焦虑，她总是对自己要求很高，但又担心达不到，内心明白嫉妒让人面目可憎，但是就是很难控制自己。我跟她说，要学会悦纳自己，毕竟，嫉妒的原因不是恶意，而是对自身有同样的要求，这不可耻，但确实需要疏导，可以试试跑步法和写字宣泄法，将恶言恶语都发泄出来。情绪宜疏不宜堵，从生理学讲，运动产生的多巴胺可以让人感受到快乐，而写字可以倾诉，同时又不会担心被人泄露秘密，安心。

其实有时候，孩子只是想寻求帮助，给她一个可行的方法，比跟她说一百句道理都有用，因为给她的可行方案，于她而言，就像是即将溺亡的人得到一条绳索，充满希望。

第四阶段：暗中跟进。通过数次的促膝长谈和方法指导，宝儿的情况在第二学期有了很好的转变，第二学期开学初，她询问我是否要参加培优，我告诉她，当这件事情成为一个问题的时候，就说明，你对此并不认同，顺从内心，保证情绪，才是你的成功秘诀。果然，在后面的考试中，她展现出了非常好的状态，并且取得了持续的进步，虽然偶尔还会有些低落的状态，但很快就可以调整过来，我想这就是教育的成果吧。真正的成长，应该是面对问题，有能力也有信心自己解决，不胆怯不退让，才是青春最美的样子！

四、干预效果和反思

在帮助宝儿的同时我也特意翻阅了很多教育心理学的书籍，所以我想，本次教育的效果应该是双向的：对我而言，我的专业知识又得到了丰富和补充，教育案例中又多了一个相对成功的典型；于孩子而言，从成绩的大幅提升，到个人心态的积极转变，再到遇到问题之后妥善客观地看待并解决，相信她最大的收获就是在挫折中实现成长。

2

暴力的星星

案例来源：邹银萍

一、基本资料

蔡某，男，13岁，某校初一学生。蔡某有自闭倾向和暴力倾向，平时易怒，情绪易激动，喜欢重复性动作和犯错，自控能力差，注意力极度不集中，喜欢动手打人；但他也乐于分享，做事极度认真，偶尔懂得文明礼貌，耐心教育后会有些许好转，渴望得到表扬。因此他有两个极端，知错但很少会去积极改正，时好时坏，自我要求较低，容易自我满足。

(1) 家庭情况

蔡某父母年纪较大，蔡某父亲工作繁忙，母亲经常出国。蔡某在父亲出差之时长期在亲戚家（姑妈、姨妈家）轮流居住。因此，他与父母之间的沟通一般都是通过电话，母亲虽然会进行教育，但是教育效果甚微，对孩子的成长并未起到多大的作用。父母亲对孩子情况还是比较了解，但是却从未采取过有效教育方式，对问题严重性未引起重视，每次联系，都是以“拜托老师，多多提醒和引导，在学校他就靠你了”诸如此类的话语，等于对孩子进行放养。针对孩子可能出现的问题，他们也未能及时处理，都以工作繁忙或出门在外为由，只能通过电话教育。

(2) 在校学习和交友情况

在校学习成绩在班级靠后，基础薄弱，自我要求较低，对待学习态度较不认真。课堂上注意力不集中，作业经常马虎应付，不完成作业时经常找借口。但好在每次教育引导、要求补作业时态度较好，最后都能补上来，但是质量较差。

在班级中，由于性格易冲动，喜欢动手动脚，行为习惯较差，又不爱洗澡，身上经常有味道，说话也经常得罪同学，所以大部分同学们对他印象都不好。在宿舍，由于生活习惯较差，在宿舍经常大喊大叫，玩开关，喜欢踢门，卫生工作不到位，因此在宿舍也不讨同学喜欢，但是平时乐于助人和分享，宿舍氛围还是比较融洽。总的来说，学校基本上没有交心的朋友，大部分时间都是独来独往。

二、主要问题陈述

一个学期下来蔡某的表现，总的来说问题较多，每个星期都有新的错误，虽然都是一些小错，但也对班级造成较多困扰。下面将他存在的主要问题进行总结归纳。

(1) 有暴力倾向，情绪易失控

在与同学交流过程中，曾多次使用武力解决问题，例如掐其他班同学脖子，对其进行威胁恐吓；随意踹宿舍门和教室门；喜欢动手拍打人（打招呼，力气较大）；难以控制情绪，犯错后都会大喊大叫大哭，抑制不住自己等。

(2) 生活行为习惯较差，懒惰

平常不注重个人卫生，不洗澡，身上异味较重。班级值日和宿舍值日工作经常缺席。

(3) 学习习惯较差，注意力极度不集中，会撒谎和狡辩

通过科任老师反映上课注意力不够集中，时常跑神；作业完成质量不高，写作业速度较慢，字迹潦草，随便应付；与老师谈话交流时，眼神迷离，对老师的话没有太大触动，依旧我行我素，很难调整；未完成作业或者任务时，会找各种借口甚至是撒谎，但都难以自圆其说；语言表达存在障碍，容易造成他人误会。

(4) 典型知错但不改正，自控力较差

每次犯错后能够承认错误，也知道为何做错，甚至多次是明知故犯，让人十分无奈。例如经常重复性地做同一件事，经常玩宿舍开关、踹门、数作业量、自顾自地说话等。

三、问题分析

(1) 家庭教育缺失

蔡某父母也承认与孩子交流缺少沟通，未能真正走进孩子内心。加上父母工作繁忙，常年不陪伴在孩子身边，都是依靠着姑妈或者姨妈来进行养育，家长陪伴和家庭教育缺失。通过侧面了解到他小学的时候就已经有了这些严重的行为问题，但家长却从未重视过，一味将问题抛给老师解决，认为老师能够搞定。家校没有通力合作，孩子的情况才会进一步恶化。

(2) 自我为中心心理

他是较为自我的小孩，很多行为都是可控的，在教育引导后都会有些许转变，说明他不是无药可救。大脑不会灵活转弯，有较强的规则意识，提醒他人遵守，却无法控制自己。因此，经常性的想要表达自己，却总是用错误的方式展示，遭到他人的嫌弃。

(3) 习惯攻击性心理

由于缺少良好的幼时教育和引导，蔡某很多时候养成了习惯，只要犯错，向老师或家长承认错误，就可以圆满解决事情了。易怒性格也造就其常常以暴力来解决与同学之间的矛盾与冲突。攻击和反击心理较为强烈。平时还习惯性假摔，有几次还真摔倒了。他主要表现为取乐型、迁怒型和模仿型三种攻击性行为。

(4) 可能存在自闭症倾向

经常性做重复性动作，明知故犯，还屡犯不改；担任生物科代表时，每次重复点收十几遍，询问生物作业一天至少八回等；注意力极度不集中，每次谈话眼珠子转动厉害，明亮的大眼睛盯着你看，但是却不说一句话，似乎自己什么问题都没有；也非常容易激动，一激动就会动手，班级已经有多位同学被他动手打过。

四、干预方案

(1) 个人疏导

针对蔡某出现的一系列问题，首先最为严重的就是攻击性心理，主要是因为道德发展的缺失所导致。针对此问题，我做的就是对他给予足够的关爱和耐心，于是在尊重其本人的情况下，多次找他谈话，让他不仅意识到自己的行为是不道德的、错误的，不仅对他人造成困扰，也会对自己造成伤害，帮助他树立正确的是非观念。走进他的内心，对他进行反复教育引导，赢得他对我的信任，愿意听我的话。给予足够的耐心，允许他犯错，悉心引导，要求他必须在犯错之后有所改变，对他提出要求，从而不断取得进步。

其次根据学校的“激励型德育模式”，结合班级的管理规定，对他进行适时的鼓励。他有着强烈的自尊心，和其他学生一样渴望被肯定和认可，总是想要引起老师的注意。因此在教育过程中，我常常以激励的方式，对他提出相关期望。例如在他科代表工作中挖掘亮点：认真、细致、关心同学成绩，并在班级中大力表扬，鼓励同学向他学习，让他从内心找到满足感；又如他默写英语单词和语文古诗词，只要认真的情况下，他都能做得很好，我也会大力表扬他，并要求他对其他科目也要有这种学习态度；再比如每次班级大型活动，他都积极参与帮忙，即使有时候是帮倒忙，但是只要他愿意动手，都会及时鼓励和表扬他等。因此，无论是生活上还是学习上，挖掘亮点，适当给予鼓励，他就会有转变，虽然持久性不强，但最起码他有进步。

再者，就是他的生活习惯，寻求生活老师的帮助，通过与他共同商讨，给他分析不洗澡、不讲究个人卫生给自己和同学带来的困扰，让他知道如果自己想要得到别人的喜欢，必须要把坏习惯改掉。因此他自己参与制定了相关约束他行为和提醒他的计划，愿意接受他人监督和提醒，虽然效果没那么明显，但最起码能够在别人提醒后会稍微注意一下个人卫生。

最后则是对他的学习引导，最有效的方式就是对他进行目标激励，与他共同制定学习目标，从每日目标到每周目标到每月目标和期末目标都进行了制定。明确自己的目标后，虽然不能说每天都坚持去做或者达到，但他只要用心的情况下，一般都会做到，也希望得到表扬。

(2) 疏导父母

根据协同共生理念，只有家校协同共育才能达到最优的教育效果。由于小学已经错过了最佳的教育引导时机，于是，在他父母打算将所有问题交由我解决之时，我对其父母进行了思想教育，分析了目前孩子存在的严重问题，就是由于家长的不重视和不作为，才使得问题变得更加严重和棘手。知错和道歉是其一，但是知错故意为之和因为好玩而发生意外事件，是必须要对其进行严格的教育引导的。

于是，我多次叫他父母到学校进行交流，首先要求他们正视孩子问题，不仅是自控力的问题，严重的暴力倾向和过于冲动会引发许多严重后果，教育孩子过程中必须要体现严重性，令行禁止；其次是孩子可能存在自闭倾向，因此咨询或者去看心理医生，依据医生专业性的建议进行教育引导；再者，周六日父母尽可能陪伴孩子，关注学习和成长，多与孩子进行户外活动，加强亲子活动；最后则是多多鼓励孩子，对孩子多进行正面的引导，挖掘孩子的亮点。

(3) 疏导同学，创设良好的环境

班级开设流动心情日记，给学生纸上宣泄情绪的机会；定期召开民主评议会，开展班级学生表扬与自我表扬；以“温暖”“我的宿舍”等主题开设学生班集体体验活动，凝聚班级力量，寻找班级同学的不足，能够让他感觉有不足的不仅是他，其他同学也有相同的问题存在，但是大家都要正视自己的不足和缺点并及时地改正。通过这样的方式既不会让他感觉自己很特别，同时又能引导班级同学，理解和包容蔡某的各种不足和缺点，用心去帮助他进行改正，及时提醒他存在的问题。

五、干预效果预估

经过一个学期的教育和引导，蔡某行为习惯有所改变，也比较乐观，懂得文明礼貌。具体如下。

① 守时。一个学期以来，无论何时都遵守学校的时间规定；

② 暴力倾向有所减少。后半学期，与同学打招呼或者交流都会注意或者尽量控制自己的手脚，不轻易动手，掐人、拍打和捶胸口等都减少了次数，从每周都要与同学发生肢体冲突至少三次以上减少到了一周一次；

③ 与同学相处较为融洽。与同学发生矛盾时能够及时告知老师，缓和自己的情绪，平复心情，对同学的态度也有较大的转变，乐于助人；

④ 学习成绩有了进步。

不过，他目前仍存在各种各样的问题，转变他是个长期而艰巨的任务，需要更多的耐心去等待他的改变。

3

一个 MP3 引起的爆发

案例来源：刘佳杰

一、案例当事人基本资料

孙某，男，18 岁，高三在读学生。该生日常表现较为正常，性格上活泼开朗，和同学友好相处。但是在情绪管理方面容易失控，表现出脾气暴躁、不耐烦且事发当时不计后果。他父母年纪较大，家中还有一个哥哥。由于父母工作繁忙，孙某自打出生以来，便是由保姆抚养，教育时期多数时间也是在幼儿园、学校度过，与父母交流甚少，因此，在性格养成方面可能存在缺失。即使现已高中，年迈的父亲还是以慈祥予以他关爱，希望在家庭教育方面予以他补偿，这可能与他现如今放荡不羁的性格有关。

二、案例问题陈述

事例一：2018 年 9 月某天傍晚，18 点 20 分左右，孙某已到班级，向我请示后上楼去找同学，而后在外期间遇见正在抓迟到的级长。当被初步认为是迟到时，孙某并未说明原因，而是恶语相向，脾气暴躁。

事例二：2018 年 11 月某天晚自习课间，孙某因晚自习聊天及用 mp3 听音乐等问题，被我叫至办公室谈话并代为保管了 MP3。当我指出他这些毛病时，孙某突然大声扬言，既然这么多毛病，有本事就把他停课，并伴有粗口。

三、案例问题分析

事后我也分析了我和级长当时的处理态度，认为并无不妥，问题更多的是出现在孙某身上。在和他爸妈联系之后，我对他有了更多的了解。如上所述，我认为最大的原因是家庭教育的缺失，从小就缺少性格的养成和正确的指引，缺少人际交往中的尊重和礼貌，情绪容易激昂失控。另外，是对于规则的无视，习惯于破罐子破摔，抱着无所谓的想法，缺少外界的约束。

四、干预与处理方案

第一，家校合作。及时邀请孙某家长介入，让刚接手班级的我对他有了更深入的了解，找到了问题的根本原因。

第二，再次约谈孙某本人，平复其情绪，引导其分析脾气爆发的原因。基于其平静下来后的清醒的处事态度，我认为该生并非顽固分子，症结在于情绪爆发的那一瞬间，完全是双重人格。

第三，肯定孙某表现，指出他的不足，一方面再次要求其遵守校规校纪，在情绪管理失控这一方面约定有约束力的规则，保证该规则能在情绪失控瞬间被想起，从而抑制情绪。

第四，跟进教育，定期了解他的生活和学习，让他意识到老师时刻在关注着他，以鼓励他的进步为主。

五、干预效果与反思

首先，在情绪方面，孙某自那之后没有再次出现情绪过激的事例，师生距离没有因为当时的矛盾而疏远，反而愈加亲近。其次，孙某成绩上虽然属于后进生，但他能在考试过后主动找老师分析试卷；当我想把 mp3 还给他时，他也主动让老师继续为他保管，以免影响学习，这些都表明他在力求上进。

付出真心的教育是心与心的交流，它不一定立刻有成效，需要时间去加持，也要坚信每个学生的可塑性，做好新时代教师的引路人身份。

4

亦师亦友，打开沟通之路

案例来源：何婕

一、基本情况

廖某，男，13岁。初一年级学生。该生性格开朗，喜好画画、写作。但情绪波动较大，做事情容易受情绪的影响。基本礼貌缺乏，缺少尊重师长的意识。智商正常，学习成绩一般。听课、学习状态容易根据喜好和情绪波动。家庭情况为单亲重组家庭。他的母亲是一名小学老师，修养很好，通情达理，对孩子寄予了较高的期望，希望孩子懂事，能尽量少受单亲的影响，也尽力给孩子全面的爱和关心，甚至有时候可能就会有些溺爱。但该生对生父充满了恨意，所以比较叛逆。老师的一些善意的建议只要不顺他的意，就会特别抵抗，有扔东西、撕纸等行为。但有时又会有懂事的地方，比较心疼妈妈，懂得自己行为不好的时候妈妈知道会生气。自制力较差，有些行为明知不该做可是控制不住自己。上课经常做些无关的事。

二、问题分析

(1) 家庭因素

廖某亲情的缺失和早期教育的不当对他的心理状况产生了很大的影响。廖某缺乏一个正常家庭的父母给予子女的温暖和教育。父母关系不好，与孩子沟通少，生父对他不闻不问，很少关心孩子。母亲忙于工作，使孩子缺乏温暖和安全感，以至于他对纪律和规则的观念非常淡薄，缺乏对自我的约束力。家长是孩子的第一任老师，家庭中不同的教育方式会培养出孩子不同的心理品质和个性。有些家庭对孩子缺乏教育，放任自流；有的家长品行不端正，经常赌博、酗酒，对孩子产生负面影响；更有许多家庭对孩子娇生惯养，孩子遇到挫折就表现出心理失衡。更多家庭只重视学习成绩，而忽视对子女在情感、需要、意志、性格等心理品质方面的培养，导致学生的心灵情感不健康，特别是单亲家庭和留守少年儿童，缺乏家庭教育和关怀，容易形成孤僻、自卑的逆反心理。

(2) 生理因素

廖某正值青春期，逆反心理严重。这个时期的孩子总觉得自己是个“大人”，有自己的想法，有自己的秘密。总认为没有人可以真正懂得自己，不想表达自己的真实想法。在认知发展过程中，青少年思维的独立性和批判性等品质有了一定程度的发展，但仍然不够成熟。由于社会阅历和经验的不足，使他们在认识上容易产生片面性，看问题容易偏激，喜欢钻牛角尖，固执己见，而诱发逆反心理。中学生产生逆反心理在某种程度上是自我意识的体现，自我意识的高涨表现为独立意识的增强。他们迫切地要求享有独立的权利，将父母曾给予的生活上的关照视为获得独立的障碍，将教师的指导和教诲看成是对自身发展的束缚，他们希望成人能尊重他们，为了获得心理上独立的感觉，他们对任何一种外在力量都有不同程度的排斥倾向。

三、干预与处理方案

通过对该生的分析，可以得出这样一个结论，现在的中学生普遍存在着不同程度的心理问题，要解决这些心理问题需要老师、家长及学生甚至是社会等方面的积极配合。作为一名班主任，有责任正视这一问题，并提出相应的解决问题的方式与方法，使学生拥有一个健康的心理状态，从而更好地投入到学习生活中。我认为可以有以下几个处理方案。

(1) 开展多种形式的心理健康教育

首先，我们学校在这个方面做得很好。开设了心理辅导课，进行普及心理学常识的教育，使学生了解心理常识，特别是掌握心理健康的一些标准，知道解决心理问题困扰时的解脱方法。同时还有心理咨询室——心晴社、咨询信箱等进行一对一的心理咨询活动。其次，可以在学生中广泛开展打开心灵窗户说“悄悄话”的活动。因为同龄人通过互相倾诉、互相沟通、共同分忧，极易达到心理沟通的目的。所以我常让和廖某关系较好的同学去和他交流沟通，再反馈给我。第三，家校联手开展心理辅导。学校可利用家长会这个渠道做些宣传，让家长对心理辅导有所了解，并协助学校开展工作。家校联手形成合力，会使心理健康教育取得更好的效果。

(2) 常记“激励型德育模式”

我们学校提倡的“激励型德育模式”，是一种以激励为主要方式，以培育学生主体精神和主体能力为核心目标的德育模式。在人的所有情绪中，最强烈的莫过于渴望被人重视。学生有强烈的自尊心，他们希望得到老师的重视和肯定。因此，我们应尊重学生的人格，在交流沟通的过程中应该以“朋友和共同学习者”的身份与学生相处。所以，以朋友的身份，他更愿意接受老师的观点和教育，并且改进自己。因此，我就以廖某擅长的绘画和写作作为切入点，通过和他聊兴趣爱好，从而循序渐进聊到现在和未来。以朋友的身份给予他建议和意见，效果较好。

四、反思

经过一系列教育后，廖某现已基本可以做到有问题及时和我沟通。改进需要时间，我相信只要进行正确的引导，问题可以慢慢地改善和解决。中学生的心理健康问题是我们必须解决的问题，作为班主任，在对学生进行教育的时候，要综合运用各种方式方法，善于运用“激励型德育模式”引导学生建立一个积极向上的心理，只有拥有健康的心理状态，才能有更好的学习状态。

5

打人的“小皇帝”

案例来源：唐顺源

一、基本情况

小曾，初一的时候，学习成绩差，性情怪异，很难与同学相处。他的父亲是银行工作人员，母亲是公司会计。他在校表现为：卫生习惯差，三四天不洗澡，手脸总是有污秽；人际关系恶劣，总是欺负女同学；组织纪律差，上课时有话就说，没有留心听课、认真思考、举手回答的习惯；认错态度差，时而无所谓，时而反应过激，暴力对抗老师。

二、原因分析

（1）生活环境的影响

因父母工作原因，及母亲生下二胎，小曾从小跟爷爷奶奶在老家生活，在7岁以前很少见到父母，从小缺乏有效的管教。爷爷奶奶对他言听计从，千方百计满足他，小曾渐渐养成蛮横任性的性格。

（2）家庭教育的影响

由于小曾自小被爷爷奶奶宠爱、放纵，使他在家庭、在同伴中慢慢变得像“小皇帝”。而他却目中无人，动不动就打人，尤其是打弱小的人。小曾的母亲对小曾又十分溺爱，即使犯错，也不舍得批评，更不用说惩罚。小曾的父亲在教育小曾时多采取简单粗暴的方式，又使得小曾加强了用暴力解决问题的意识。该生以自我为中心，不理解别人的意见，他并没有认识到来学校是来学知识、学文化的，更没想到来学校是要遵守纪律的。

对待这类孩子，单纯简单的批评教育是不能解决问题的，来源于家庭的病症，需要家庭的密切配合，学生的健康人格才能有效地培养。

三、干预教育措施

（1）关爱与尊重

老师教育一个学生，“爱”是非常重要的。为了让小曾接纳我，我十分关注他，并给予他特别的关心。小曾开始对我是一种抗拒的心理，不接受我的教育。无论他什么态度，我都耐心地跟他谈话和交流。我是小曾的语文老师和班主任，正好班级有写周记，我在小曾的周记中，写了很多真诚的评语，慢慢地小曾开始接受我了，愿意和我交谈。

（2）父母的配合

教育是多方面的，父母是孩子的第一任老师，如果家庭教育不改善，那我做再多的努力也没用。经过和小曾父母长时间的沟通，在如何教育小曾的问题上，我们逐步达成了一致意见。我劝导小曾的母亲不能溺爱孩子，不能一味放纵；劝导小曾的父亲不可用简单粗暴的方法对待孩子，要多和儿子相处、交谈，用温情的方式和儿子沟通。从此以后，小曾父母的教育观念慢慢改变。当小曾的坏习惯逐渐改变时，我又建议他的家长即时给予表扬、激励，并以奖励的方法带小曾旅行等，以此对孩子的行为予以肯定。

（3）教师的教育

我继续用心地长时间地关注并教育小曾，并不断地与小曾交流。我还在班中提倡别的同学要谅解小曾，不与他“对着干”，而要采取理解、忍耐的方法。自我强化是指学生对到达某种成就的标准。我告诉他如果一周内没有攻击性行为发作或者没有影响课堂秩序，能以小曾自己喜欢的方式对他进行奖励，如送他一些小奖品，在班上公开表扬等，让他充分体验成功的欢乐，不断进步。

四、个案辅导成果

经过老师、家长的教育引导，有了同学的帮助，小曾暴躁的情绪逐步稳定下来了，虽然成绩进步不是非常明显，但他和同学的关系在一天天地改善。

五、教育过程反思

回顾对小曾的教育过程，我给予了小曾很多的关注与爱，也非常有耐心，有恒心。但在这个过程中，缺乏专业的心理辅导，要用更为专业的方法帮助小曾，这是以后需要加强的。

【知识窗】中学生情绪控制问题对策与方法

情绪，一般认为是以个体愿望和需要为中介的一种心理活动，是个体表现出来的对客观事物或所处情境的一种主观感受。当客观事物或所处情境符合个体的愿望和需求时，就能引起积极肯定的情绪，比如学生解答题目时快速找到解答方法得出正确答案会感到兴奋；和志趣相投的朋友聊天会感到轻松愉悦；当完成某项工作被表扬时会感到自豪等。当客观事物和所处情景不符合个体的愿望和需求时，就会产生消极、否定的情绪。比如考试失利会感到失望、悲伤；被别人攻击时会产生愤怒；未按时完成任务时会产生担忧和害怕等情绪。

从心理学的角度看，情绪是人脑的高级功能，是人类生存适应的第一心理手段。它具有组织、调节和动机的功能，是个性的核心内容，也是控制心理疾病，是维护心理健康的一个关键成分。中学生群体正处于成长与发展的初始阶段，这个阶段个体将会面临很多以前从未面临的成长问题，在面对新事物和新情境时可以利用情绪的适应功能了解自身或他人的生存状态，适应社会的需要，得到更好的生存和发展。可以利用情绪的动机功能激励个体活动，提高效率，适度的紧张和焦虑都有助于促进个体积极思考和解决问题。也可以利用情绪的组织功能帮助个体提高学习效率。情绪的组织功能指情绪对其他心理过程的影响，表现为积极情绪的协调作用和消极情绪的破坏、瓦解作用。比如完成作业被表扬的学生会更加认真地完成作业，考试失利的学生再次考试时会感到紧张、担忧。中学生需要不断地完善自己的情绪，在生活中学会调节和控制自己的情绪，以促进自我的身心健康发展。

中学生常见的情绪问题主要有情绪低落、焦虑、情绪暴躁等。情绪低落个体心境抑郁，表现忧愁，语言动作明显减少，自我感觉不良，常常自卑、自责、自罪，严重者甚至可能有自杀、自伤的行为或想法。焦虑是个体对现实的潜在挑战或威胁的一种情绪反应，是一个人在面临其不能控制的事件或情景时的一般反应。暴躁情绪是个体在一定场合受到不利于自己的刺激时所呈现出的一种情绪反应。造成中学生情绪问题的主要原因大致有以下几方面。

1. 青春期的自我同一性的发展缺乏指导。中学生开始进入青春期，开始面对逐渐增加的学习任务，学习处理自己与身边事物之间复杂的关系。在这一过程中很多事情都是尝试开始，对自己认识不清，人生没有目标，不知道自己的未来发展如何，在这一阶段，学生极易产生迷茫、困惑的心理，很多学生遇到这些问题时不知道该如何解决，尤其是在寄宿制学校，与家长的沟通减少，得不到及时的帮助和引导，长期无法实现个体的自我统一，就会出现各种情绪问题。

2. 存在认知偏差。很多中学生无法合理地认识自己，对事情的看法单一且极端负面，造成负性情绪的累积。比如有学生认为自己学习不好就没人喜欢自己，所以与他人交流时小心翼翼，总感觉有人嘲笑自己，从而不敢在公众场合表达自己，也看不见自己的优点和长处，长此以往就会产生焦虑情绪及情绪低落等问题。

3. 家庭教育影响。很多学生的情绪问题与家庭教育有很大关系。良好的家庭教育会帮助学生学会调节和控制自己的情绪。家庭教育的缺失则会影响学生的情绪发展，甚至会引起学生的不良情绪问题。如单亲家庭的孩子性格方面会更加敏感脆弱，情绪表现会更加明显，情绪控制能力相对较弱，容易出现情绪低落和情绪暴躁问题。

关于中学生情绪问题的处理，作为教师，首先，我们要学会理解学生，做一个倾听者，从学生的角度出发去了解问题产生的原因，并给予学生正确的指导和建议，帮助学生学会自我调节，控制情绪，从而促进中学生身心健康发展。中学生个体正值青春期，个体自主意识相对增强，但同时又处于心理断乳期，尚不能很好地处理复杂的社会关系和生活事件。当学生遇到情绪问题时，教师应该及时给予适当的指导，以帮助学生正确地宣泄情绪。其次，当学生在发展过程中对自己的认识出现偏差时，教师应该及时与学生沟通，信任并鼓励学生正确认识自己，激励学生通过自己来实现调整和改变。最后，中学生的个体发展，是在家庭教育和学校教育的共同作用下实现的，所以，加强家校联系，了解学生的家庭情况，在关注个体特殊性的同时与家长形成双向沟通，利用统一有效的教育方式，才能更好地促进青少年身心健康发展。

第二篇
环境适应案例

1
小小少年不落泪

案例来源：王舒容

一、个案基本情况

小春同学是我们班年龄比较小的孩子，头脑比较聪明。他是特长生，入学考试的时候成绩在班级里名列前茅。可是小春有一个心结——害怕被抛弃。从军训时开始，小春就因为来到寄宿制学校、回不了家而常常掉眼泪。

有一次在学生宿舍，我目睹了小春蒙着被子哭诉："爸爸妈妈不要我了！"在老师同学们的安慰下，小春才渐渐平复心情。但是消极的情绪却一直伴随着他。军训期间，他还画了两幅漫画。第一幅漫画上，小春画了他的幸福一家，但来到学校后，他落入了教官的"魔掌"——那个温暖的家里，只有爸爸妈妈，而没有了小春的身影。小春还与同学们发生了一些不愉快的事情。第二幅漫画，描绘了小春对班干部同学的恶意诅咒，画面上甚至还写满了侮辱性的词汇。

军训结束后，小春的情况没有得到改善，反而恶化了。有一回小春在宿舍要洗澡，没有经同学的同意，私自用了舍友的水桶，结果被舍友发现，二人发生了口角，小春一气之下用水泼湿了舍友，哭着跑出宿舍。而后我与小春谈心，他很伤心地告诉我，爸爸妈妈都不要他，舍友也讨厌他，因为他长得丑，又没用。

小春有很强的竞争意识，他对成绩的要求很高。据很多同学反映，小春已经不止一次在老师讲评试卷的时候吃试卷了。此外，每当小春不小心答错题目的时候，他会做出一些过激的举动。譬如打自己的脸、扯自己的头发，当同桌的分数比他高时，他还会迁怒于同桌。小春对他的数学尤其重视，周末还在上数学补习班。然而有一次小测，小春数学成绩不佳，他在教室里号啕大哭，又做出自残的行为。后来父母把小春接回家里，进行教育。

据了解，小春的家境还不错，父亲是高才生，因此对小春的学业特别重视。小春有一个表哥，现在美国留学。小春非常憧憬他的表哥，把去美国留学当作是自己的理想。有一回我看到他给自己定的期中考试目标，上面写着“班级第一”“美国留学”等字样。小春妈妈跟我聊过，小春从小就对自己要求特别高。周末去上补习班，也是他自己的主意。由于他特别努力，所以在小学时成绩特别好。但是升上初中后，他发现自己并不是最优秀的那一个，并且自己就算再怎么努力补习，也无法打败那些更优秀的同学，因而产生了一种挫败感，便以哭泣、打脸、扯头发等动作发泄。小春的父母似乎都对小春的这种行为习以为常了，当我们向他们反映小春的异常行为时，他们回复道：“是这样的，他从小就是这个样子。”

二、原因分析

（1）家庭环境

父母对他在学业方面的重视，尤其是爸爸对他的高要求，让他不堪重负。由于小春爸爸是高才生，当然会对自己孩子的学业给予特别关注。据悉，周末在家时，小春的爸爸一有空就教他数学。小春不理解时，爸爸还会严厉地批评他。

小春一直憧憬着他在外留学的表哥，而父母也常将小春与优秀的表哥进行比较。这在无形之中加大了小春的压力。

由于小春的爸爸平日里工作比较繁忙，而小春妈妈不久前生下小春妹妹，因而对小春的关注也变少了。这使得小春产生危机感。来到寄宿制学校后，他的这种危机感更加强烈，认为这是父母抛弃了他。

(2) 习惯性行为

从行为方式上分，人的行为可以分为定型性行为和非定型性行为。习惯就是一种定型性行为，是经过反复练习而形成的语言、思维、行为等生活方式。很多时候，行为一旦变成了习惯，就会成为人的一种需要。再遇到类似的情景之时，习惯促使我们不用思考、直接动作，具有了自动化的作用。由于从小父母就没有好好引导，小春经常一遇到挫败就以过激的行为来释放自己的压力。因此，当他来到一个陌生环境，情绪持续低落，又受到同学的误解、成绩的打击，他便反复地通过伤害自己来获得压力的释放，造成恶性循环。

(3) 强烈的落差感

小春在小学时成绩特别好，但是升上初中后，他发现自己并不是最优秀的那一个。而他自己认为，就算再怎么努力补习，也无法打败那些优秀的同学。这让他在心理上产生了很大的落差，一时半会儿还接受不了。有一次与小春谈心，他告诉我："我觉得自己很没用，成绩那么差。"由于好几次挫败，小春的心理效能感大大降低。

(4) 嫉妒心理

嫉妒是一种社会心理和意识。心理学定义说：嫉妒是一种有针对性的感觉，是忍着痛苦去看待别人的幸福的一种倾向。它产生在当现实的和期望的各种关系受到威胁之时，是一种既羡慕又敌视的复杂情感。小春看到一些同学优异的学习成绩，于是燃起了对他们的嫉妒之心。有一回数学小测，同桌的同学因为比他多了几分，小春居然恶狠狠地踢了同桌一脚。小春越是关心和重视嫉妒对象，越有可能会被绝望与恐惧感击中，从而发展为憎恶、敌意、怨恨和复仇这样一些恶劣的情绪。

(5) 情绪波动大

小春的情绪起伏变化很大，不稳定，而且容易冲动，不善于调节和控制自己的情绪。有时会因一点点小事而情绪激动，也可能因一点点小事（如一不小心写错一道题目）而灰心丧气。多变的情绪，常常使他难以专心致志、善始善终地做好每一件事，学习、生活也因此受到干扰。从小春的成绩变化就可以看出：他的成绩时好时坏，但基本上都没有达到入学考试时的水平了。放任的情绪往往又会影响同学之间的友爱和团结，因为他有些古怪的脾气，同学们都对他敬而远之。

三、干预步骤

(1) 关爱和尊重

高尔基就曾经说过:“谁不爱孩子，孩子就不爱他，只有爱孩子的人，才能教育孩子。”由于父母对小春的关注比以往减少了一些，这导致了小春的不安，这时，身为小春的班主任，我更应该给小春多一些关注。主要的方式有谈心、表扬、课堂上多提问等。就目前的情况来看，小春的心态已经有了大大的好转。

但是，给予小春的关爱并不是溺爱。爱学生要深入地爱，要理智地爱。也就是说，要对他严格要求，不娇惯、不溺爱。对其缺点错误，不纵容、不姑息、决不放任。每当小春因为愤怒而出手伤害同学时，身为班主任应该及时制止并批评教育。然而小春的情绪比较容易激动，因此在批评时，我采取比较柔和的方式——角色转换，引导小春去思考这会给自己、给同学、给班集体带来什么不良的影响。比如有一次，小春又因为一些小事心情不快，随手伤人，发泄脾气。事后我请小春到办公室来聊天，我说:“你有没有发觉班里有许多同学其实很爱护你?当你向他人发泄怒火的时候，他们是不是并没有还手?”小春想了想，点点头。“但你却把他人对你的爱护毫不留情地践踏了!你不仅没有回报他人，反而变本加厉地去欺负其他同学。我知道你其实是一个热爱班级、有集体荣誉感的孩子，我们来想想，怎样能为班级做一些贡献呢?其实我觉得，我们可以试着从改变自身开始。每当我们又忍不住想要出手伤人时，我们用双手拍拍自己的肩膀，提醒自己保持镇定。”小春模仿了我的动作，答应我要好好为班级做贡献。

此外，我还安排了几名同学关注小春的情况，随时向我报告他的表现，防止他又出现出手伤人的情况。

(2) 培养人际交往能力

培养中学生人际交往能力，是解决学生心理健康问题的有效途径。对于成长中的中学生来说，人际交往和沟通具有强大的吸引力。然而，小春过分重视成绩，过分强调竞争，导致在校生活紧张、单调。

现代家庭独生子女多，在客观上束缚了学生的人际交往。小春在不久之前，还是爸爸妈妈唯一的宝贝，因而从小就有一种优越感，习惯以自我为中心。

对此，我安排小春的舍友、我班的班干部阿辉多多关怀小春，让他在我们班先找到一种归属感。我还给他安排了一些职务，让他成为班级管理中的一员，这也提醒他：你是班级里重要的一分子。通过开展丰富多彩的文体活动（如：运动会、文艺会演、知识竞赛等），帮助小春在活动中锻炼自己，正确认识和评价自己。班级活动还可以创设良好的交际环境，舒解心中的压抑和焦虑。譬如在运动会中，他是班级啦啦队的一员，我看见他为运动健儿们加油呐喊，感到他确实已经融入我们这个集体中了。

(3) 倾听心声，解开心结

我常常和小春谈心，有一次小春又因为成绩达不到他的预期目标而情绪失控，我让他停止手头的一切学习任务，陪他一同到广场散步、聊天。经过我的安慰，小春平息了他的情绪。而后他心平气和地和我聊了很多对学校的看法。他告诉我说，他其实在学校过得很快乐，有很多同学对他很好。于是我告诉他，多想想平日里发生的开心的事情，在学校，快乐成长才是最重要的。自那以后，小春就很少在学校掉眼泪了。

四、反思

第一次担任班主任，我还有许多不成熟的地方。比如刚开学的时候，我看到小春天天掉眼泪，怎么安慰也安慰不来，于是批评了他，这反倒让他的情绪更加沮丧。当时我还真有些不知所措。后来还是几位前辈提点了我：爱学生，首先要了解学生，包括对学生的家庭状况、知识基础、学习成绩、兴趣爱好、性格气质、交友状况、喜怒哀乐都要深入了解，全面掌握。我想了想，小春的年纪其实还小，哭哭鼻子也很正常，关键是他为什么哭呢？我都还没搞清楚，就批评了他。在接下来的几个月里，我着重与小春父母建立经常性的联系，也安排了几个靠得住的“眼线”，紧密关注小春的一举一动。同时，也与各科任老师打声招呼，建立起一个宽广的观察网络，搜集信息、分析原因后，再采取以激励、关怀为核心精神的一套措施。现在的小春，已经比刚刚开学时成长了很多。当然他偶尔还会因为成绩的问题而闹脾气，但是已经不会做出过激的举动了。

人无完人，孩子们有些小缺陷，都是正常的。孩子也是会成长的，关键是老师们要如何引导。深入了解，全面掌握，我会和小春一起努力，共同成长。

2

还我一片安静的天空

——课堂爱讲话行为案例分析

案例来源：柯倩

一、案例当事人基本资料

张某，男，身高180cm，在班级里个头属于最高的，但日常行为却表露出他还是一个很不成熟的学生。还有一个妹妹的他，是家里唯一的男孩，从小受到父母和长辈的万般宠爱，加之家庭条件比较优越，属于生长在“蜜罐”里的孩子。父母对其管教比较松散，导致该生进入中学后，一时无法适应学校和班级的各项纪律规定和行为规范，出现种种扰乱学习和生活氛围的行为。同时，由于该生一直单方面受到家里的宠爱，与同学们相处时容易以自我为中心，不能充分照顾到其他人的感受，无法与同学们打成一片，因此，张某向父母流露出对学校生活抗拒和无奈的情绪。为帮助张某尽快融入学校的学习生活，针对其情况进行充分地分析、施加干预措施显得刻不容缓。

二、案例问题陈述

张某从开学到现在，主要问题表现为喜欢讲话：在课堂上频繁接话，比如课代表布置作业，当时不认真听，过后重复问；老师在讲课时他也喜欢问一些无关紧要的问题，打断老师的讲课进度；同时在自习课上也喜欢窃窃私语，严重影响课堂秩序和其他同学的学习环境。这种行为还表现在宿舍，休息时间大声说话严重影响其他同学，不按时休息，经常导致班级扣分。

出现这些问题后，一开始找其谈话时，张某的态度不是很好，因为他根本没有认识到自己的错误，没有意识到问题的严重性。后来，在进一步沟通帮助其认识到自身问题后，张某表示自己也不知道为什么会这样，一再保证后也是屡屡再犯，甚至出现与纪律班长发生冲突等其他更加严重的问题。

三、案例问题分析

（1）家庭教育

由于从小处于较优越的生活环境中，加之父母和长辈的宠爱，张某平时生活里的一些不好的行为习惯没有得到及时改正；进入中学后，虽然有一定的纪律意识，但是自控能力差，禁不住周围同学的影响，因此随便说话，影响其他同学正常的学习和生活。比如在上语文课的时候，当老师讲到一个知识点，张某反映自己会不由自主地联想到其他画面，然后就会脱口而出，这就是其缺乏自控力、没有良好的行为习惯导致的。

（2）缺乏学习兴趣

在与该生家长沟通的过程中，我了解到张某对英语的学习兴趣不高，主要是因为小学与初中不同，老师基本采用全英文授课，导致其对知识点理解比较模糊，久而久之没办法跟上学习进度，逐渐对英语丧失了学习兴趣，在课堂上尤其是英语课堂上没办法融入学习中，出现喜欢讲话的不良习惯。

四、干预与处理方案

（1）学习指导

针对张某对英语缺乏学习兴趣的问题，作为英语科任老师的我，给予了重点关注。平时上课时会时不时点他回答问题，让他在课堂上感受到压力，不会因为听不懂一点而放弃英语；如果回答不上来我就会让他课下来找我单独讲解，回答正确我就会号召全班同学一起为他鼓掌，这样可以让他充满学习动力。课下除了给他讲解课堂上无法理解的问题，我还着重对张某无法适应初中全英文授课的弱点加以辅导，告诉他一些技巧和方法，鼓励他平时大胆说英语，培养其英语的听说读写能力。慢慢地张某在英语课堂上跟上了学习进度，对英语的兴趣也逐渐提高。

（2）奖惩分明

对张某爱说话的行为，我也制定了严格的奖惩制度：全班划分为多个小组，每个小组原始分数为100分，上课说话、不按时交作业、卫生不合格等行为进行相应的扣分，连续不扣分或者有其他积极行为就进行奖励，一人犯错全组承担。同时我还特意将张某定为小组长，就是为了让其站在集体的角度学会慢慢约束自己的行为，这个方法收到了比较好的效果。开始张某所在小组因为其爱讲话的行为扣分较多，但出于不让其他同学受牵连的心理，他逐渐学会了克制自己爱讲话的冲动，这时我找到他谈话，对他的进步进行了表扬，给予了小小的奖励，一段时间下来张某在课堂上爱讲话的毛病有了较大改观。

(3) 家校合作

张某出现这些问题后，我及时地与其家长联系，张某妈妈向我反映了很多我不知道的情况，也进一步加深我对其课堂上爱讲话行为的认识。一方面，家长作为孩子的第一任老师，既是孩子最亲近的人，也是孩子最能听进去话的人，于是，我向张某妈妈提议要加强对孩子日常行为习惯的纠正，让他认识到自己身上存在的不良习惯；同时，我告诉张某的妈妈平时在家里要让孩子多做点事，家务活等孩子力所能及的事要鼓励孩子去做，在劳动中培养孩子良好的学习生活习惯和优秀的品质。

五、干预效果与反思

到现在为止，虽然张某还是会偶尔在课堂上接话，不过跟开学相比已经进步了很多，相信在多种干预措施的影响下，他一定会彻底改掉课堂上爱讲话的行为。

擅长表达是一件好事，但不分场合、不分地点的表达就会让人诟病。在面对学生课堂上爱讲话的行为，作为一名有温度的教育者要学会理智分析，找准问题背后的根源，对症下药，做到因人而异，因势利导，不断鼓励学生，这样才能帮助学生逐渐改掉不良的行为习惯，营造一个安静、向上的学习环境。

3

怎么面对“个性”的你

案例来源：李金花

一、个案基本情况

白某，男，15 岁，高一在校学生。该生 2018 年 8 月 24 日来我校报到，在报到的当天与他汗流浃背的父亲因为报到资料不全而发生冲突，孩子一脸厌恶地与他满手满身都是行李的父亲对话，口气很不好。后来他与他父亲又折回家去拿漏拿的缴费单等资料。他父亲依旧汗流不止，孩子依旧一副天下人都对不起他的神情。我跟他对话，他也基本不抬眼看我。从第一天的接触，我就注意到这个不一样的孩子。

正式开学后，慢慢发现该生基本不与班级的学生来往，基本都是独来独往，走路也是低头盯着路走。再后来，几乎全班同学都孤立他。他也出现经常打电话跟家长哭诉心理压力很大，要转学，要不就去跳楼。经过与他父母的多次长时间的电话沟通，我对这个孩子有了更深入的了解。

二、原因分析

他的父母经营着一家很小的快餐店铺，生意一般。父母把他送来学校读书已然不容易，最近又闹离婚。他母亲每次与丈夫吵完架之后都会跟孩子絮叨抱怨，然后把成年人自己心中的苦水一股脑儿倾倒给孩子。孩子本来就自卑而很难融进班集体，基础不好学习压力大，家庭后方又失火，这对他来说犹如雪上加霜。慢慢地，他选择逃避学习，逃避与父母沟通，甚至憎恨自己的父母，极度畏惧父母要他回电话。曾多次因为父母要他回电话而又不能不回电话而极度烦躁，后来演变为暴躁，再到公然用手用力砸墙。他对自己的原生家庭非常不满，觉得这样的家庭让他在同学面前没办法抬起头，尤其是在班级同学家庭经济情况基本都很不错的背景下。而且因为父母感情不和，经常闹离婚，导致他心里很没有安全感，什么时候都以自我为中心，不会为他人考虑，也不会跟人好好说话，好好沟通，动不动就会暴怒，遇到问题第一个想到的就是逃避。

三、干预步骤

(1) 引导合理，宣泄不良情绪

由于青少年发育尚未成熟，情绪不太稳定，遇到情感挫折时发泄常常不能自控。为了给他们创设合理发泄的渠道，防止不当的发泄，所以我给他的建议是当情绪不好的时候让他向老师、朋友或亲人倾诉。一方面，他们的真诚关怀和理解能使人倍感温暖，从而解除他心中的疙瘩；另一方面，人多主意多，正所谓众人拾柴火焰高，经过大家的帮助，集思广益，总能找到解决问题的办法。二是引导他情绪转移，把注意力从消极的心理紧张和焦虑转向其他事物，以淡化或忘记消极情绪。如心情不佳、忧愁、郁闷或发怒时可以出去散散步，记记日记，找人聊天，或是逛逛街，给远方的朋友写封信，都可以在一定程度上排遣个人心中的不快。三是音乐抚慰，用优美轻柔的音乐调节情绪。

(2) 注意行为训练

养成学生良好的行为习惯。刚进入高中，初高中衔接过程中因为其自理性、自制性都还不够成熟，许多心理障碍都与不良的行为习惯有关。如失眠，除了心理性原因外，很重要的影响就是不良的作息习惯。因此，对他进行调节时我帮助其设计出训练方案，按行为治疗的原则与做法助其一步步达到改正不良行为、养成良好习惯的目的。

(3) 淡化被动受教，增强自我教育能力

青少年自主的能力尚在发育之中，对成年人依赖性较强。因此，辅导和教育时要特别注意帮助其形成自主能力。一方面坚持赏识原则，不仅要善于赏识每一个学生，而且要注意培养学生自我赏识的情感，帮助学生树立自信心，努力克服学习、生活中的困难；另一方面教师要注意培养他的自我反思意识，将心理活动与行动效果紧密结合，学会总结失败的教训和进步的经验，增强自我约束、监督和调控能力，促使学习不断进步。

(4) 在常规的教育活动中渗入心理辅导的内容

各科教学本身都包含有心理教育的内容，只要备课时加入心理教育的导向，就可以使授课内容深入一层。如我的语文课就包含有许多情感教育的因素，在语文课上，我不时地寻找德育的契机，在集体教育过程中让他也受到教育。比如在班会课上，我展示他家长一起用心给他制作的短视频，让所有的同学羡慕他。在那节课上，我看到他哭了，我想那应该是感动而又骄傲也愧疚的泪水。

（5）创设良好的成长环境，使学生在互帮互学的集体生活中陶冶情操

组织学生开展各种活动，在活动中增强学生之间的相互了解相互尊重相互学习相互促进，使他的视野更开阔，思维更活跃，志向更远大，成绩更优秀，心胸变得更加豁达开朗。

四、干预效果

① 经过多次单独耐心的沟通，他认识到家庭经济情况不太理想不是因为他的原因造成的。其他的一些同学经济情况较好也是其父母的付出。在这样的经济情况下，父母依旧克服困难让自己来接受这么优质的教育，自己应该怀有感恩之心，并应通过努力学习来获取更好的成绩以报答父母，将来考一个好的大学，找一份好的工作，让自己获得一份不错的收入，从而争取让自己的子女能够有更好的家庭经济情况。通过几次思维开导之后，他在思想上开始转变，慢慢地把心理上因自卑而造成的压力转化为好好学习争取更好学业成绩的动力，因而一学期下来学习成绩也有了很大幅度的提升。

② 解铃还须系铃人，孩子的问题很大程度上跟他的原生家庭有关。他的父母跟他的沟通方式以及不合理地把成年人之间产生的负面情绪倾倒在这个未成年孩子身上等让他很没有安全感。所以经过多次跟孩子母亲聊孩子的成长，家长也意识到自己的问题。他们开始意识到其实自己夫妻之间的矛盾没有到要离婚的地步，而仅仅是沟通问题，对对方的关心不够。后来他们也慢慢地会注意在与孩子沟通的时候，让孩子感受到他们是相爱的，而且都很爱他。现在不时地可以在微信朋友圈看到孩子母亲晒一家人其乐融融的视频或者照片。在这样的家庭环境熏染下，孩子也渐渐多了很多笑容，开朗了好多。

③ 在与班级同学的沟通上面，因为孩子本身的思想意识和家庭生态环境都有了很大转变，所以他与同学的沟通变得更顺畅就水到渠成了。他与同学在一起的时间久了后，他发现其实同学们都挺好相处的。这样，同学关系和师生关系都融洽了很多。他也因此没有再提及转学等事情，在学习和与同学交流上的逃避情绪已经慢慢消解。

4

男生半夜突发疾病的背后

——人际交往案例分享

案例来源：邢灼

一、案例当事人基本资料

黄某，男，高一新生，初中就读于不同地级市一所中学，入学成绩优秀，性格内向，与同学交流较少。

黄某家庭并不复杂，爸爸是教师，妈妈在打工，有一个小两岁的弟弟。妈妈在他上高中之前一直在家照顾孩子，没有出去工作。家庭琐事、两兄弟的饮食起居均由妈妈一个人照料，父母关系很好，经常去户外活动。两兄弟性格大相径庭，弟弟外向开朗，比较喜欢到户外运动，成绩中等偏上；黄某安静少言，比较喜欢在家中房间学习，成绩较好。

黄某在校学习非常努力，铆足干劲，该学习的时间他总是埋头苦干，该放松的时间他也丝毫不懈怠。为人比较低调，不爱表现自己，和班级的一个“小不点”（他隔壁宿舍的男生）结为同伴，一起吃饭，一起学习。在同学的眼中，他是一个奇怪的人，总是低头不语，不怎么与人沟通，作为班级课代表，他在讲台上交代一件事情总是很紧张很小声，而且声音颤抖得厉害。

二、主要问题陈述

黄某入学初期在校期间多次出现心跳加速、心慌、气喘的症状，具体情况如下。

第一次发生是在军训第三天下午，集训过程中他发现自己心跳加速，请假去医务室处理，经过校医的仔细检查，他喝了藿香正气水之后休息片刻，身体并无大碍。

第二次发生是在开学后第二周的周二晚上，黄某在班级晚自习过程中再一次发生心跳加速的情况，我非常重视，再一次陪同他去校医室处理，经过校医的仔细检查，未发现诱发病因，校医建议周末去正规医院检查。当晚，我与黄某父母沟通，得知他在上高中之前并没有身体上的疾病，也没有类似事情发生。当周周末，黄某在父母的陪同下到家乡医院进行检查，检查结果也是一切正常。

第三次发生是在国庆假期返校第二天晚自习结束后，黄某在当晚 10:25 左右跑回宿舍，再一次心跳加速，缺氧，无法说话，情况非常严重。我在校医及宿管老师协助下送他去当地的二甲医院进行抢救（当天晚上黄某心率飙升到 120 次/分以上，情况非常危急，如不及时送医，后果不堪设想）。情况稳定下来后，黄某住院两天，再一次做了身体的全面检查，结果仍然一切正常。结合之前其他医院的检查报告，医生给出是心理因素导致的身体不良反应这样的结果。

三、问题分析

黄某在校初期，一而再再而三地发生心跳加速，甚至危及生命的情况，实在让人匪夷所思。到底黄某在校这一个月，发生了什么事情，导致他有严重的心理负担进而引发身体上的恶疾？经过多方了解，黄某入学以来经常一个人独处，除了和饭友李某一起吃饭外，几乎很少与同学交流，他是一个胆怯、内向的人；而且高中之前他从来没有住过校，不知道在生活中怎么与陌生人相处。在父母的口中他是一个让人很少操心、能够自觉地去学习的人，他回到家总是有很多话和父母说，说话也不会结巴，非常正常，结巴、颤抖的情况只有在与同学老师交流时才会出现。所以我认为，黄某引发疾病是由于新的学期，面对的新的环境和新的事物，无法很好地融入适应导致的，心理学上称之为适应性障碍。不仅如此，他在校期间一直都处于焦虑的状态，在与他的谈话中得知，在校期间他的精神状态不好，碰上一点小事，往往坐立不安；遇到一点紧张的情况，他就会有心理压力，慌张得不知所措，身体也有不适感，如出汗、心悸、嗓子有堵塞感、失眠多梦等问题。心理学上将这种情况称之为焦虑性障碍。黄某的这种适应性障碍及焦虑性障碍主要体现在适应学校环境上。生活的改变，让黄某不知如何适应，在人际交往过程中，不知道怎么去融入集体、和同学相处。

四、干预步骤

来到新的学校，很多学生都会出现不同程度的适应性障碍，黄某这种引发疾病的还是比较少见，问题发生后，我采取了一些干预性措施来帮助黄某减轻焦虑情绪、融入集体生活。

(1) 给予适当关爱

事发后我在想：怎么给予黄某适当的关爱呢？我回想起 9 月 10 日教师节当天，黄某来到办公室送给我一小罐绿茶，结结巴巴地说："老师……教师节快乐。"开学一直很忙，我还没品尝那罐绿茶，还没给他"反馈"。借着给他反馈的契机，我与他进行事发后的第一次单独交流，交流的过程中我很注重自己的语气。为拉近我们之间的距离，我利用心理学中的自己人效应，一直用我们的口吻来交谈，取得了黄某的信任，效果比较好。

同时，关于黄某的事情，我也告知了班级的德育老师和科任老师，他们惊讶的同时也都表示会留意他的生活学习情况，过后他们确实也做了一些事情：比如物理兼德育老师周老师，不仅给黄某学习上的指导，而且在生活中经常嘘寒问暖，呵护备至。并且在黄某进步的时候给予表扬和鼓励。

关爱的渠道是多方面的，在黄某这件事情上体现出来的老师的这种团结协作的精神，利用团队的力量来帮助学生，这也是我们学校的一贯做法。

(2) 加强体育锻炼

科学研究发现，运动本身可以促进人体的内分泌变化。大脑在运动后会产生名为内啡肽的物质，内啡肽被称为"快乐激素"，它能让人感到欢愉和满足，可以帮助人排遣压力和不快。适当的体育锻炼可以缓解心理压力，能增强自信心，可以培养积极心态。像黄某这种情况，最好的方式就是通过运动来缓解，这一点我与他的父母达成了一致意见。因此，周日在家，他父亲挤出时间来带他去户外徒步。在校期间，我利用学校的集体运动，如广播操、跑操来增强他的锻炼意识及集体意识。比如，在跑操的过程中我曾全班性地表扬部分同学做得好，步点对，口号响亮，有集体意识，黄某就是我所表扬同学之一，我发现这给予了他很大的自信，在跑操这件事情上，他做得特别好。

(3) 在班级活动中去融入集体

学校最大的特点就是学校给学生提供了各种各样的平台来锻炼自己的能力，活动非常多，因此，我借各种活动的契机，帮助黄某更快速地去接受班级的同学。比如说在校运会上，黄某充当班级小医生的角色，给运动健儿提供后勤保障，他与班级同学进一步熟悉了；比如说辞旧迎新的活动中，我给他们宿舍提出了要准备一个集体节目的要求，他们宿舍活动中演了一个小品，其中黄某也参与了这个小品，"台上一分钟台下十年功"，我想，课后少不了宿舍日常的排练吧，黄某也进一步地与宿舍的同学有所交流。

五、干预效果与反思

10 月初这件事情发生后，我及时补救，给予适当的干预，黄某一开始心跳加速、心慌、说话结巴的情况慢慢得到改善，心跳加速基本就没有出现了，结巴的情况也有所好转，唯一存在的情况就是他胆子还是很小，和别人交流的时候说话的声音还是比较小声，这可能与他的性格有关吧。

新学期初期，很多学生都会出现不同程度的适应性障碍，教师应该特别留意，教师应该要有细微的观察力，要在心理“疾病”初期将“病毒”扼杀在摇篮里，否则，等到“疾病”大爆发，那事情就麻烦多了，黄某的事情给我敲响了警钟。

5

我真想回到以前的学校

案例来源：徐舒仪

一、个案基本情况

莉莉是以优异成绩从上海考入高中的。入学的欣喜还没来得及消退时，她掉入“新生适应不良”的沼泽中难以自拔。她告诉老师她在学业、生活、交友，方方面面的不适应，吃不习惯学校伙食，听不懂当地方言，学校各种活动也不愿意参加，她拼命学习，但成绩还是上不去。像莉莉这样不适应新环境的学生不在少数。以前，她是学校师生的宠儿，但到了高中后，才发现自己很普通，成绩甚至落到年级和班级的末位，这让她产生强烈的心理落差。加上以前都以自我为中心，现在要学会适应集体生活，尤其要面对室友间情趣爱好、饮食习惯、家境状况、作息时间等方面的差异，令她应付不暇，无所适从。初中到高中，莉莉一下子从成功的顶峰跌入到低谷，迷茫中，失去了自信与目标，她痛苦不堪，前来寻求老师的帮助。

二、原因分析

像莉莉这样，具有“新生适应不良”的孩子在入学后，常会产生迷茫、困惑、苦闷等情绪障碍。他们原来的心理平衡状态已彻底打破了，而新的平衡没有建立。他们需要在老师及家长的引导下打破以前那种一直很优秀的错误认知，学会自我调整及重新定位。只有领悟这点，她才能有决心与勇气走出自卑的泥沼，自信快乐起来。

事实上，莉莉的自卑是在与同学的比较中产生的。老师引导莉莉认识到：一个人如果将注意力总放在别人身上，有时会越比越灰心的，因为他在进步的同时，别人也在进步，这样无论他怎样努力，总与别人存在差距；而只有与自己相比时，才会感到自信，因为与自己先前比较已有很大的进步了。

产生“新生适应不良”的孩子，原因如下。

（1）环境原因

大多是由于家庭环境造成的，孩子对自我的定位、环境的改变缺乏正确的认知，加上严重缺乏自理能力，就会应付不过来。

（2）性格原因

高中的孩子更注重同伴的认可，但融入新的环境时，由于性格内向，不善于与人交往，在人际交往中，即渴望交流沟通又表现得非常自我，这种矛盾的心理，造成人际关系的重重困难。学业上，现实与理想的差距又拉得太大，孩子心理难以承受，自然会郁结于心。这种情绪郁结于心，对学习生活自然会造成很大的影响。

（3）学习环境

学习要有自主性，初高中老师的教学模式迥然不同。初中老师将学生的时间规划得滴水不漏，学习上都是老师规定死的任务，老师将学生盯得很紧，只要完成老师布置的学习任务，就 OK 了。但高中比初中学习有更高的要求，学科难度将加大，综合性更强，对学生的学习能力要求更高。老师在引导学习内容时，布置的作业量可能会不多，这就要求学生学会自主学习，甚至是超前学习，要调整好自己的心态，尽快融入新的环境。不要将高中的同学关系与初中的进行比较，要尽量展示自己独特的风采，结交与自己性情相投、积极向上的好朋友，这样，就算在高中学习生活中遇到困难，也有了能倾诉并寻求理解的对象。

三、干预步骤

（1）关爱和尊重

为了激励莉莉从当前困境中走出来，老师还与莉莉探讨了应该怎样辩证地看待目前的挫折：生活遇到挫折总是难免的，从某种意义上说，挫折可帮助一个人更好地适应社会。挫折能培养个体的意志力，心理学家把适度的挫折称为个体成长中的“精神补品”，因为，在个体成长过程中每战胜一次挫折，就强化一次自身的力量，为下一次应付挫折提供了精神准备，坚强的意志力也就在一次又一次的锤炼中培养出来了。当莉莉对现状有了正确的认知后，老师与她一起分析她目前需要解决的各方面问题，帮她理清学习及生活中的具体困难，并制定了相应的具体措施与计划。除此外，还常鼓励她抽出时间去接触别人，有意识地参加一些群体，逐渐融入新的集体中去。在心理老师的帮助下，两个月后莉莉不再迷茫与孤独，她走出自卑的泥沼，想方设法改进学习方法，主动向同学与老师寻求帮助，将与同学的差距当成学习动力，变得越来越开朗自信。

（2）鼓励

我第一次找莉莉谈话时，只是让莉莉尽情宣泄出自己的不良情绪，并给予无条件的心理关心与尊重。这种宣泄可让莉莉获得轻松感，并在交流中让莉莉产生愉悦的情感体验，通过内心暴露找到问题的症结。随后的辅导中，老师运用尊重、理解、同感的辅导技艺，让莉莉感受到与心理老师之间是平等的，拉近两人的心理距离，再引导她确信自己有能力克服当前的困难，为她自我反省奠定基础。

四、反思

这个案例中，老师首先帮助莉莉宣泄她所承受的精神痛苦，在此基础上与她进一步探讨，纠正她不合理的认知，使她学会通过与自己比较来提高自信，并辩证地看待她所面对的挫折，最后还依据她在学习、生活、人际交往方面的具体困难制定出一系列的解决措施，让她感受到成功的体验，变得开朗自信起来。

莉莉是幸运的，她在痛苦中知道寻求老师的帮助。事实上，像莉莉这种难以适应新环境的学生很多，父母应该怎样帮助他们尽快适应高中新的生活呢？

适应越快越主动，心理健康水平就越高；适应越慢越被动，心理健康水平就越低。如果适应力很差，以致无法适应变化了的内外环境，就会导致心理失常。要调整自己的学习模式，学会给自己加压加量，不能指望老师亦步亦趋来指导，让自己逐步适应学校的学习节奏。学习讲究时效性，休闲也要怡心养性，多读课外书，多思考，利用课余时间，扩大自己的视野。

6

对准孩子的心弦，奏出最美的声音

案例来源：林惠敏

一、案例描述

杨同学，12 岁，女生。小小的个子，对老师和同学都很有礼貌，在军训期间的表现也一直很正常。但正式开学后便对学校和学习产生极为严重的抗拒情绪，每周日返校都不愿意离开家，哭闹甚至言语中用极端的语言威胁父母。返校的那一周，在班里从未见情绪不妥，一回宿舍给妈妈打电话便哭闹要回家，每天给家里的电话将近 10 个，而且时长较长，影响到同宿舍其他同学休息。杨同学家庭条件优越，兄弟姐妹多，她是老大，集万千宠爱于一身。从小与爷爷奶奶、爸妈以及叔婶一起住。爷爷奶奶极为宠爱。父母接受教育的水平不高，从小通过物质进行满足，过度呵护。学习成绩较为落后，作业也经常迟交缺交。家里对她学习要求很低。性格较为内向，思想也比较幼稚，情绪波动较大。据家长反映，一到周日下午就把自己锁在房间里不愿意出来，对妈妈胡乱发脾气。与同学的交往很难正常展开，从开学至今只固定与班里一个同学交往，而且内心极度敏感，会因为对方的情绪而影响自己，会因为对方的一个行为或话语而心情低落。

二、案例原因分析

杨同学问题的产生最主要的原因是心理适应。何为心理适应？当一个人从一个熟悉的环境转移到陌生的环境时，通过改变自己的某些习惯、调整自己的心态来适应陌生的环境的过程。而当她不愿意去改变自己的习惯和调整不过来心态时，便产生了对学校的抗拒情绪。

（1）家庭因素

由于是家族生意，从小与爷爷奶奶一起生活。爷爷奶奶对其极为宠溺，甚至与杨同学妈妈在教育上发生分歧和矛盾。爷爷是家族中的掌权人，对杨同学的要求百呼百应，满足她所有的要求，家里却从来没有约束过杨同学的行为，而是过度的呵护，容不得任何一句的批评和委屈。对别人的语言和行为，内心很是敏感和脆弱。父母受限于爷爷在家的权威和自身对教育的认识，对杨同学缺乏内心的沟通和挫折教育。

(2) 个人因素

对母亲的依赖性很强，意志薄弱，感情脆弱。来到新环境，离开父母的怀抱和爷爷的呵护，一切都得自己独立面对时，她变得无所适从，继而出现苦闷、焦虑、缺乏自信等问题。

渴望与同学的交往，但存在一定程度的心理闭锁。对原本班里一个小学同学心理依赖大，与其他同学交往很谨慎被动，情感得不到交流。

(3) 环境因素

来到全寄宿学校，从一开始衣来伸手、有人服侍的生活，如今要自己独立完成。从小跟妈妈睡觉，来到这里害怕一个人睡觉。以前的同学都是家里认识的，现在有来自各个学校的同学，内心安全感不足。

三、干预措施

人的心理适应是一个过程的变化，从最开始的排斥心理，最后到完全的顺应。人的心理调节可以分成三个阶段，即认知阶段、态度转变阶段、行为选择阶段。人这个主体与环境这个客体之间能够平衡，便是心理适应达到最好的效果。为了帮助杨同学，让心理适应达到较好的效果，我做了以下措施。

(一) 认知阶段

改变杨同学对新学校和人际交往的错误认知，并帮助她对变化的环境有初步的了解，克服这其中出现的困难、问题、障碍。

(1) 师生沟通——相信爱

通过师生通信，周末与她 QQ 聊天，主动与她交心，缓解其“孤独心理”负荷，建立信任的心理基础。她对老师很尊敬，但也不怎么说话，于是我写下了两页多的书信与她交流，向她阐明我的观点。在学校里每次见到她，我都会寒暄一番，跟她开玩笑，减轻其紧张心理。

(2) 同学关心——体会爱

在集体生活中，我私下跟宿舍同学和班里比较热心靠谱的同学谈了她的情况，同学们都要求帮助其走出自我“不适应心理”。于是，课间我时常看到，同学们和她同读一本书，约她去食堂吃饭，帮她拿衣服。课堂上，有人叫她一起合作表演英语对话，她的笑容一次次如花般绽放。有一次时隔一星期的再次返校，我组织同学们为她举行一个欢迎会。

(3) 父母稍稍放手——滋养爱

与家长针对孩子的情况进行真诚的沟通，并与家长达成共识。一段时间的走读让她积极适应环境和感知身边的环境和人、事、物。家长也清楚家里的溺爱环境给孩子带来的不良影响，虽然爷爷的方式较难改变，但父母都给孩子提了要求，帮助她积极适应环境而不是百呼百应。

(4) 融入集体——学会爱

本学期活动很多，务农活动给她分配需要与他人合作的任务。在校运会上，让她当小小后勤员，给运动员递水，当运动员失利时安慰同学。在艺术节上，让她参与后台的工作，为班里参加活动的同学加油。在平时的大扫除中，表扬她的行为，让其他同学增加对她的信任感。人的情感是相互的，当她学会如何爱别人时，她的生活自然会充实起来。

(二) 态度转变阶段

一个月时间的走读和积极的干预措施下，杨同学的态度明显发生了转变，她的情绪体验不再是最初的感受。她主动为班里做事情，如擦黑板，登记考勤。并且在周五放学后，会主动与同学们一起整理教室。每周日返校几乎不哭鼻子也愿意进校门了，并且和同学的交往也不是固定对象，身边的小伙伴增多了两个。但是学习上却依旧那么松散，于是我想借此心理适应的转变阶段让她对学习有动力。因此，在与她商量后，在周五放学后对她进行一些知识的辅导。据家长反映，她在家的学习态度比之前有所改变。

(三) 行为选择阶段

当人们处于行为选择阶段时，对原来已经不适应的行为进行调整和改造，此时所做出的决定都是积极向上的，主体实现对环境的适应。

这是下学期我与杨同学需要共同努力的方向，也是杨同学未来发展的愿景。

四、启发与反思

“随风潜入夜，润物细无声。”经过一学期的心理疏导和教育帮助，杨同学的改变明显。只要老师用心去读每一个学生，努力和孩子的心弦对准音调，我们一定能找到那根独特的琴弦，让它发出最美的声音，让孩子绽放属于自己的精彩。

面对杨同学的改变，让我更加认识到激励的作用、集体的力量。

【知识窗】新生学校适应概述

学校适应在心理学上并没有一个统一的定论，就本书来说，新生的学校适应主要指学生在刚入校的第一学期需要经过积极的身心调整，对学校的学业适应、人际适应、行为适应以及情感适应。

学业适应指学生根据环境及学习的需要，努力调整自我来达到与学习环境相平衡的行为过程。学习成绩是学业适应的核心指标。

学校中的在校行为适应也是学校适应的指标之一。不适应的行为主要包括攻击、破坏、退缩、抑郁、害羞、不良习惯等。

人际适应主要包括学生在学校背景下的同伴之间的适应以及师生之间的适应。这些极大地影响着学生的学业成绩和学校行为。

情绪适应主要指对学校的积极接纳，而不良情绪主要包括对学校的拒绝、想家甚至对于学校的恐惧方面。

学校适应的影响因素主要包括学校因素、家庭因素和个体自身因素。

研究发现积极、民主、凝聚力强的班级中，学生对学校态度更加积极，同时亲密的师生同伴关系与学生积极的适应结果呈正相关。

家庭因素包括亲子关系以及父母教养方式。亲子关系方面存在一定问题，比如敌对或者离异家庭的孩子在学校适应上大多会存在一定困难，同时如果父母长期对孩子过于忽视、冷漠，也会导致孩子在学校适应上的困难。同时家庭经济水平也会在一定程度上影响到孩子的学校适应。

个体自身因素主要指学生内在的安全性、焦虑、矛盾和回避性因素与学校适应存在很大的关系。

除以上因素外，对于新生来说，因为刚到新的环境，尤其是很多之前在原来的学校是非常优秀的学生，到了现在的学校不再“拔尖”了，因为这种落差而产生了强烈的失落感，甚至在行为上出现了退缩、不主动与同伴交往，同时在学业上与平常的行为习惯上也出现了一系列问题。

从老师层面来说，可以采取以下相应对策。

① 关注学生学业，加强对学生学习方法的指导。

② 关爱学生，为学生提供展示自己的平台。

③ 营造温馨、平等、和谐、向上的班级环境。

④ 引导学生认识自我，提高自我接纳水平。

⑤ 作为学校与家长联系的媒介，为学校与家长的联系架好平台，形成家校合力。

第三篇

行为习惯案例

1

沟通的艺术

案例来源：冯保兰

一、个案基本情况

黄某，14岁，活泼爱动。该生是家中幼子，自幼受到家长和长辈的宠爱。在校行事较为自我，存在一定的行为习惯问题，主要表现在个人迟到问题。该生多次违反学校规定，如周末晚自习迟到，回寝迟到，早读迟到。具体表现为初一上学期迟到多次，寝室迟到两次，班级上课或早读晚读踩点或迟到多次，周末返校经常不按时到班，有两次拖到晚上20:00才进班。这些行为给班级的文化建设带来了一定的负面影响，给班级的管理也带来了一定的困扰。针对该生的在校表现，我多次与该生进行了积极沟通。同时，我也与该生家长合作，监测该生的表现变化，共同探讨行之有效的辅导策略。

二、原因分析

（1）心理因素

心理学上有一种说法叫延迟面对，即对于一些不想面对的场景，迟到可以起到缓冲作用，因为迟到就可以晚一点进入那个不愿面对的情境。黄某便有这个心理。所以，该生可能就会利用现实中的一些困难，比如家人做饭太晚导致出发较晚，比如路上堵车造成返校晚，无意识中造成迟到的结果。

这一条可以结合该生的学习情况来分析。该生在班级的排名较为靠后，长期学习成绩的不理想在某种程度上给他造成了一定的心理压力，学习的压力便难以增加他在校学习的幸福指数。所以迟到有时候便成了该生一种逃避学习、逃避学校的方式。

（2）家庭因素

在孩子的成长过程中，家庭对于学生行为习惯的养成具有非常大的影响。该生作为家里的幼子，受到父母和奶奶的宠爱，因此当犯错之后没有一定的有效教育措施。时间一长，学生就会感觉到迟到并不会给自己带来长辈的批评，于是便开始放纵自己。这样，孩子就会习惯了这种迟到的行为，习惯了某些未被纠正的行为。

通过以上心理学相关知识和家庭教育的对比分析，该生的家庭教育是造成该生有严重迟到现象的主要原因，因为家人的溺爱，造成该生形成“迟到是可以被原谅”的错误意识，这种认知的缺失造成该生不能认识到迟到的严重性。

三、干预措施

教育是一个改变的过程，目的是协助每一个学生充分发展自己，成为有完整人格的人。一个充满爱、温暖、鼓励、相互支持与亲密关系的教学过程，必然会大大激发学生的学习动机与兴趣。此刻的学生十分渴望有人去关注他们，了解他们，爱护他们，痛恨常被责怪、批评和冷落。

所以作为一名班主任，我们应尽量以用心、正面的态度来看待学生的学习成绩与行为习惯，只有让学生感到受尊重、受信任、受关爱，才能使他们产生安全感，并促使他们以良好的表现来报答教师的信任。因此，我们务必以关心、帮忙、谅解、鼓励的方式深入到学生的内心深处，了解学生所思所虑、所喜所忧，沟通其思想，了解其苦情，以“心药”治“心病”，使他内心的怨闷得到诉说，疙瘩得到解开，达到心理平衡。

(1) 争取家长的主动配合

我首先和家长取得联系，了解该生的家庭状况和表现，与家长沟通思想，在孩子的教育问题上达成共识，以便对症下药。当然，在这里，家长自己的心态改变是非常重要的。家长要明白，孩子最开始的老师便是父母，父母的言传身教对孩子极其重要。父母与老师的配合更是教育孩子的有效方式。这一点，我和该生的妈妈协商得比较好，孩子的妈妈对于改善孩子迟到这一点比较配合学校老师的行动。

(2) 提高学生对学校和学习的兴趣

该生的迟到问题和对学习的积极性是有一定关系的，因此，目前提高该生的学习积极性和自信心就成了解决该生长期迟到问题的重要方式。该生所面临的学习问题主要是如何将情绪与学知识分开，以及给予相应的注意力训练，提高上课效率，并且这也是促进人际关系的重要方面。该学生年龄小，课堂学习喜欢这个老师，可能会很专心地听课，尽可能去表现良好，让老师喜欢他；反之，则可能不屑一顾，甚至“恶作剧”。

跟该学生父母交谈后，我感觉该生就是在逃避学习，他属于面临无法实现目标而产生心理冲突类的学生。为了求得心理平衡，他不以主动姿态争取时间去解决心理冲突，而是消极被动地等待，不敢正视它，克服它，而是设法躲到一个“安全”的地方，觉得“车到山前必有路”，迟到、逃避学校教育就是该生的“安全”港。该生因为自己的纪律问题受到批评，就错误认为老师是有意针对他，从而对班级和学习也产生了抵触心理，对学科产生厌恶的情绪，进而出现逃避行为，具体表现为不认真听讲和做作业。

(3) 走一步，再走一步

该生的迟到次数较多，在本学期的前半学期，几乎保持每周迟到四至五次左右。但是这并不表示我们就要对他贴上一个“迟到大王”的标签。在发现该生迟到的习惯后，我将该生带到学校的操场上交流。首先，我和他确定了这个习惯并不是一个对自己有益处的习惯，学生有正确的认知观，因此也能明白。他现在的问题就是习惯了迟到带来的心理感觉，即可以多在家一会儿，可以慢点到学校。在平心静气地和他聊了后，我谈了谈对他的优点看法，细细地回忆了他平时让我觉得很棒的行为做法，比如坐姿笔直，比如永远都是笑脸对着所有老师，比如他从不顶撞老师。在聊了这些之后，我能明显地感觉到他的心理放松了一些，笑容也多了一些。于是，我便继续和他交流解决办法。在征求学生本人的同意后，我和他做了一个约定，从这周开始，每周比上周少一次迟到。

四、干预效果

在第二周周末晚上，该生是踩点到班，但是，我觉得很不错了，于是在下课之后，将他叫来办公室大力表扬了一番，学生自己也很开心。到了第三周，效果更加明显，这一周，学生只迟到了三次，我便在周五中午给学生家长打了电话，表扬该生最近的进步，告知家长其他科任老师们对该生转变的欣赏和夸赞。

在经过一个学期不间断地教导之后，尤其是在学生自己有意识地改变和老师家长双重的表扬下，该生迟到的次数明显减少，上课也能更加集中注意力。在班级中，他能认识到自己作为班级成员的责任和义务，在卫生值日和班级活动方面都能积极参与并且认真完成，甚至能够在校活动中有很好的表现。

总结：班主任工作是一项十分复杂的、长期的教育过程。因此，教师必须在教学中因势利导，因材施教，切记“一刀切”，应密切联系学生的思想实际和行为实际去了解学生的内心世界。通过与本案例中该生的多次交流和沟通，该生在校言行已经有了一定的改善。德育之路任重道远，老师仍需保持着积极良好的心态再接再厉。

2

陪伴在左，引导在右

案例来源：郭春枚

一、个案基本情况

小田，女，12 岁。因父亲在外工作比较忙，孩子的大部分都是母亲在教育管教。在孩子上学期间，父亲没有主动和老师交流过孩子在家和在校的情况，经常都是母亲和老师交流。开家长会的时候，也是母亲参加。从与母亲交流的情况来看，孩子在家比较懒散，也很少和父母交流自己的想法，父母对孩子比较溺爱。

该生在校和同学相处融洽，也有礼貌；能够按时完成基本学习任务，遵守校规校纪；学习成绩中等，而且从一些科目来看，该生思维灵活，理解能力高，但是个人行为习惯有偏差，自我约束能力不高。

二、问题陈述

① 该生经常迟到，有时候因为上洗手间，有时候因为和家里人打电话，有时候因为和其他小伙伴玩耍，没有很强的纪律意识和自律意识。

② 上课容易趴桌、打瞌睡，晚上失眠，睡眠不足。

③ 平常的学习都是以完成任务为主，没有学习目标和学习计划。

④ 在校经常生病，感冒、头痛经常发生。经过班级同学了解到，该同学很少按时吃饭和运动。除此之外，经常因为学习压力导致头痛，请假回家休养。

三、问题分析

(1) 家庭教育问题

进入初二之前，父母对小田极其宠爱，平常对孩子很少要求，对于孩子的照顾，事事俱到，按她母亲的说法，应该是有点倾向溺爱，所以小田之前没有养成良好的行为习惯，对自己也没有严格的要求，没有吃苦耐劳和钻研精神。进入初二之后，小田在家大多时候都是玩自己的手机，而且经常因为按时吃饭问题和母亲发生极大的矛盾。因为她体质比较弱，还挑食，饭菜吃得很少，而且还喜欢将菜用水洗后才吃，所以母亲担心营养跟不上。自从弟弟开始上学之后，母亲的注意力分散大部分到弟弟身上，对小田的教育没之前那么有耐心地深入了解，经常偏向用强制和威胁的方式纠正孩子的习惯，比如不按时吃饭就不让上学。有一次小田还给老师打电话，说爸妈不让我上学，后面母亲解释，才知道是因为担心孩子不能照顾自己的饮食，所以想“吓”她一下。这种处理方式导致孩子和父母的交流越来越少，互相的了解也变得越少，彼此的距离也被拉得越远，导致后面小田对于父母的管教不再信服。

在校期间，因为小田经常生病，尤其她一接触学习就头疼的毛病出现后，父母对孩子学习没有任何要求，对孩子的成长也缺乏指导，只要孩子身体健康，父母基本满足其所有要求，也不给孩子提任何要求，听任孩子自己的想法，随时接回来休养，做自己想做的任何事，有求必应。

（2）逃避心理

该生在校学习只完成基本学习任务，对于科目学习碰到的难题，从来没有问过老师，也很少向身边同学询问，自己也不会通过翻阅资料去钻研、弄懂，而是让问题存留在那里，学习很少有进步和突破。尤其是她生病经常请假之后，对于漏下的许多内容也没想着努力赶上，导致后面觉得学习越来越辛苦，学习压力造成头痛失眠的请假情况也随之增多，从而陷入一个恶性循环。

在校生活中，对于她淡薄的纪律意识导致的迟到、上课讲话和睡觉问题，在老师教育之后，还是经常发生。碰到的生活问题，她喜欢寻求父母的庇护，以此来逃避问题，可见该生不能正视自己的问题，勇敢解决问题，同时，面对压力，不会试着用积极的方式去直面解决，所以造成一到校就出现失眠和头痛问题。

四、干预步骤

（1）家校联系

我加强与其家庭的联系，了解孩子在家生活的情况、性格以及父母对待孩子问题处理和教育的方式，同时，交流孩子在学校的表现以及对孩子的教育方法。

（2）倾听理解

孩子所有的外在表现，是其内心的反映，所以，教育要从倾听入手。在校的时候，我会时不时找孩子聊一下她的生活情况，拉近与孩子的距离，然后再对孩子的学习和生活做出指导和建议。在得到孩子的基本信任之后，找好时机，引出她最近出现的问题，以及她出现这些问题时自己内心真正的想法。同时，我也私下找该生玩得要好的同学，做一个更全面的了解，从而给出更有针对性的建议，或者通过班级身边的好朋友，给她鼓励和帮助。

（3）激励指导

我协同各科任老师，多给她关注和学习上的指导，弥补因为请假落下的课程，减少其心理负担。在班级中，我给她一点职务，或者以邀请的方式帮老师一起完成一些事情，让她发现自己的价值，从而增强信心。对她在课堂的表现和学习成绩上出现的进步及时表扬，同时帮她分析进步的原因，从而带动其他方面更多的进步。

五、干预效果

小田同学因为生病请假频繁、上课状态不佳的时候，在家长、老师和班级部分同学的及时干预和协同努力下，有一段时间能够自己主动要求早点回校，并且生病不得不在家的时候，也主动要求补课。她在校也听课认真，课后也会努力去弥补漏下的课程。但是在学生脆弱的意志力和家长过度“包容”的情况下，她从开始每次能坚持一两周，到后面的两三天，最后变成一段时间的长期请假，到期末时干脆放弃，直接申请转学。

六、反思

家庭教育方式对孩子性格特点有深刻的影响，同时孩子处理问题的思维方式和行为习惯与家庭教育方式的特点分不开。所以当一个长期处于溺爱和有求必应环境中的孩子，随着成长开始遇到更多的问题和压力的时候，想让孩子突然学会自己独立面对问题，正确看待压力，他就会不知所措，从而选择忽略和逃避。学校老师的教育，同学之间的帮助，也只能在长期影响和家长配合理解的情况下，才能达到更好的效果。该生遇到问题和压力时，父母都是直接接孩子回去休息，所以造成孩子除了学习落后以外，还有学校生活节奏的陌生和同龄人之间交流的隔阂，最后只能选择转学。

在小田的家庭中，父母简单将原因归纳为身体健康问题，忽视孩子内心的心理变化，造成出现的问题一直得不到改善，甚至引发更多的问题。可见深入沟通、解决问题，才是杜绝问题、缓解焦虑最有效的手段。从中也可以看出，家庭教育和学校教育是孩子成长的两大主力和影响来源，需要我们在孩子成长的每一步细心引导，而不是用满足式保护的方法去陪伴。

3

因为这一点，同学们渐渐疏远他

案例来源：赖爱蓝

一、案例当事人基本资料

小杰，男，14 岁，现初二学生。

(1) 家庭情况

小杰家庭环境良好，父母亲从事公务员工作，属于公职人员，家庭生活条件良好，可以满足该生生活需求。

(2) 日常表现和交友情况

小杰学习成绩较差，基础本来不算太差，但是由于不认真完成作业，上课不认真听讲，不认真做笔记，成绩每况愈下，现在成绩基本处于班级倒数，年级倒数。他到学校就在社团结交了一部分志同道合的男生，一起玩。入学以来没多久，班里的同学发现他经常撒谎、偷东西，几乎不参加班级活动，宿舍卫生也表现极差，不履行例如打扫卫生之类的义务，同学们也开始疏远他。

(3) 案例问题陈述

小杰自到校以来在宿舍和教学区的总体表现都一般。在一天晚上，同宿舍小 A 同学反映自己的手表在宿舍柜子不见了，当天傍晚六点多时间他进入洗手间一分钟时间手表就不翼而飞。该同学晚自习期间到教室告诉我，我在晚自习当晚找了该宿舍同学谈话，并在放学的时候再次让该宿舍全体留下来谈话。后来我给他们一天晚上时间让他们回去再各自找一下，明天再处理。第二天还没有找到，于是中午 12:30 左右，我到他们宿舍再次调查。经协商，让他们一个个翻箱子出来自查，在搜查到小杰的时候，发现小 A 同学的手表就在小杰的箱子角落，就即时还给了小 A 同学。跟他们交谈后，我让宿舍成员先不宣扬出去，等最终调查结果出来再说，并私下让小杰午睡结束后来找我谈一谈。

第二件事是丢手机。星期天晚上学校和年级要求所有带手机来的同学要把手机交给班主任保管。在当天下午六点半左右，小 B 和小 C 同学等三个同学和小杰同学一起来交手机，其他三个人交了手机出去，小杰跟着出去后又回过头拿走了小B交上来的手机。直到星期三，小B同学需要手机联系家人，幸好那天就发现他的手机不见了！那天开始调查，也是那天中午我报告给我们的年级组长，在查监控的时候发现是小杰在办公室拿了手机。晚上，级长和我对小杰进行谈话教育，期间小杰同学说了很多谎话，最后给他看了监控他才承认所有问题，包括之前宿舍两次丢过的现金，一次是250元，一次是300元，加上手表和手机，一共偷了4次，价值达到4000元以上。

家长也在当晚傍晚7:30到学校与我和级长共同教育。事后家长带回家一个晚上，第二天小杰回校，交了检讨书。

还有一件事就是小杰同学在学校超市偷盗4次。一天晚上，超市经理联系我，我立即联系级长和家长共同教育，小杰同学承认了错误，家长同意给以超市赔偿，小杰同学交检讨。

二、案例问题分析

(1) 家庭因素

小杰家庭环境良好，但平常父母工作较忙，还有一个一岁多的小弟弟，疏忽了对该同学的教导，犯错误后该生父亲也喜欢打骂他，缺少关爱的沟通，导致他不愿意与父母说太多的话。

(2) 挫折经历

小杰入学以来成绩基础较差，而且存在很多不好的学习习惯，成绩丝毫没有提升，处于倒数，对学习失去信心，没有兴趣。

(3) 人际关系

该同学原本班里有几个他的小学同学，但是大家对他的印象不好，加上进入初中后就一直表现不好，导致他在班上很少有处的好的同学，所以他在参加的社团里结交了一些朋友。但是也是由于他的行为，这些朋友也不愿跟他相处了，从而让他不能有效排解心中的苦闷。在与其父亲的交流中发现他结交了一些不良的网友，花钱也是大手大脚，不知道节制。

(4) 生活习惯

平常父亲会每周给两百块的在校伙食费，但由于他的不良花钱习惯，常常到了周三、周四就开始没钱花。

三、干预措施

（1）关爱与尊重

爱是非常重要的，师爱是一种无私的爱，这种爱可以给予一个孩子改正错误的勇气和力量。由于小杰已经是一个十四五岁的初二学生，基本已经形成自己的一套是非观和价值观，而且这个年纪的孩子正处于叛逆阶段，不像年纪较小的孩子那么容易接受意见和矫正行为，方法不恰当很容易造成反向的效果。要改正这个长期形成的习惯和观念，必须有一个能让他感受安全和信服的人才能起到正面的影响作用。因此，首先，我从言行上关心他，让他感受到老师对他的关怀，一般这类的孩子，都缺少爱和被尊重而封闭自己的内心，所以，要进入他的内心世界去了解他并不是一件容易的事。

（2）加强诚信教育

我通过面谈交流，教育他说实话、做实事。或者就某些事情，听取他的见解，从中给予巧妙的指导，动之以情，晓之以理，并对其动机表示理解或以幽默的方式让他感受到老师和家长在为他惋惜，使他从中领悟说真话的可贵。这个年纪的学生已经有判断的能力，只要给予正确的是非观、价值观的指导，指明方向，并且使学生信服你，他就会接受教育。

（3）分析说谎、偷东西的负面影响

我通过分析说谎和偷盗所造成的后果，找相关的案例让他看，让他说出感想，并分析他说谎和偷盗的行为可能造成的后果。

（4）鼓励和惩罚

谎话说多了，会成为一种习惯，然后发展成小偷行为，所以要立刻纠正是不太可能的。所以，在他也真心想改正的时候，我和他达成协议，对于诚实的行为多加鼓励，对说谎的行为给予惩罚，让他自己参与制定惩罚的计划。在接受他人监督、自己又主动地自我监督和自主地要求改变自己的环境下，说谎可以得到有效地遏制。

（5）家校合作

家校合作一直是学校所倡导和号召的。由于是寄宿学校，学生周一到周五在校，周末回家，我在对他的教育过程中一直积极与家长沟通与联系，让他父母配合，让父母参与教育的过程。我建议他父母在周末放假在家时监督，杜绝他在网上结交不良少年，给他创建良好的上网环境，或者尽量少上网，注重学习功课，重新树立学习的信心，并建议找心理辅导医生对他进行心理辅导，让他往心理健康的方向发展。

（6）保密处理

对于小杰同学说谎和偷窃行为，我和学校的意见都是保密处理，不进行学校及班级的通报，因为还是一个初中生，以后还有很多的可能，所以我们尽量以沟通教育为主。

四、干预效果

现在该学生偷窃行为有所改善，很少出现偷窃行为，不会出现偷手机、手表和现金等行为，遇到事情也会主动跟我和他父亲交流。他父母也很重视对他的教育，周末给他找了补习老师，各科也正在学习当中。我们都在期待他变得更好。

4

用微笑走近学生

——行为习惯教育辅导案例

案例来源：罗文凤

一、案例个案基本情况

小翔，男，九年级学生。他父母在孩子小学时便已离婚，现已都重组了自己的家庭，有了各自的孩子和工作，但对小翔这个孩子都很关注，无论从生活上，还是日常陪伴上，父母都给予了一定的付出。

小翔生性活跃，但对学习没有太多的兴趣，学习状态差，经常在课堂上或自习课上讲话，且有各种小动作，经常与其他同学玩闹而导致同学之间的冲突。但这名学生对待老师还是比较尊重的，心地也不坏。所以小翔现在最重要的问题是：缺乏良好的行为习惯。小翔与班级大部分同学关系都很好，平时下课喜欢和很多同学在一起玩闹等。

二、案例问题陈述

大约在一个月前，第八节响铃下课，班级同学急忙找到我说：老师，语文老师叫你赶紧过去办公室，小翔在课堂上又惹老师生气了。作为小翔的班主任，我自然十分着急地从其他班教室赶回办公室，此时，见他在打电话回家，而语文老师在一旁也特别生气地催促着让他与家长沟通，好让他家长赶紧到校面谈。打完电话，小翔说他妈妈只能晚上 19 点后才能赶过来。语文老师因下班有事，便离开了。此时的我，控制住了生气、着急、烦闷的情绪，要求他跟我讲讲他与语文老师发生在第八节课的事。

课堂情景重现：柔和的阳光洋洋洒洒地落在小翔身上，小翔同学便举起手过头顶（他说是要挡太阳），但是他又不怀好意地伸着中指（有侮辱人的含义），前桌的小钟同学见状，便也有样学样。待老师喝止小钟同学后，不料，小翔又不怀好意地伸着中指，这下可彻底惹恼了语文老师了。

三、案例问题分析

（1）亲情的缺失

亲情的缺失，不只是缺少爱，对一生性格的养成影响都很大。孩子会因为亲情的缺失，缺乏自信，缺乏爱的能力；因为没有被家人关注，所以想做出一些行为让其他人来关注他。小翔父母已分别组建了家庭，但父母平时和孩子的交流很少，根本不了解孩子的日常生活和人际交往，更不了解孩子的内心世界和精神需求，遇事容易走极端。

（2）父母对他的情绪发泄

父母（特别是母亲）经常句句不离小翔不懂事而拖累自己现有重组家庭的生活，也经常朝着孩子发泄生活中的不良情绪，所以给了小翔同学不少的负面情绪。

四、干预与处理方案

（1）与他建立良好的沟通

在课间，我会时不时地找他闲聊，主要聊聊他的兴趣之类的，让他慢慢敞开心扉跟我说说心里话。而我呢，每次瞧见他，无论他离我多远，我都会对着他微笑，甚至对他挥手。现在的他，应该把我当朋友了，当他在行为犯错的时候，对待我的“温柔式”地讲道理教育，很多时候他都能全盘接受，并会主动认错。

（2）家校合作

我经常通过短信、微信、打电话等方式与孩子的家长进行各方面的沟通。在沟通的过程中，发现孩子的妈妈对孩子批评得有些多了，也及时地跟孩子的妈妈进行了一定沟通，希望妈妈能够给孩子更多温柔的爱和更贴心的鼓励。

（3）偶尔会联合年级和生活区的多方力量

我通过与年级进行沟通，偶尔对该同学进行作业的检查，而在生活区方面，也加强与之沟通，达成统一的战线，让多方面的教育力量形成合力。

五、干预效果与反思

值得欣喜的是，小翔在行为习惯上有了很大改变。小翔同学已经很久没有违规违纪了，现在反倒成了我的好帮手。周五同学离校回家时，他在认真打扫班级卫生；课间同学在教室玩闹，说话的时候，经常还可以看到他在学习，甚至还会让其他同学别玩闹得太凶。现在，每当我看到小翔，我就会看着他微笑，而他也会对着我傻傻地笑，这种感觉真好。所以，教育实践也告诉我们，用微笑对待学生，用心灵进行沟通，是一种教育学生的有效方法。

孩子的心灵创伤只能用心灵的温暖来治愈，精神的污渍只能用精神的甘露来洗涤。多给孩子们一个微笑，把爱的教育融入他们的心田，他们就会感到教师真正关心他，从而达到教育的效果。微笑是教师的重要武器，对成绩好、行为习惯好的同学要微笑，对后进生、行为习惯差的学生更要微笑。你的微笑对学生来说，是理解，是信任，是鼓励，当他们感受到了，便会拉近彼此之间的距离。

微笑能够照亮所有瞧见它的人，就像空中的流星，给了人们美好的愿望。爱是教育的前提，只要教师对学生充满着爱，便拥有一股强大的教育力量。心理学研究表明：学生总是趋向于模仿爱他与他所爱的教师。因为教师给予学生真诚的笑容和喜爱，会使学生产生良好的情感体验。

所以，我们何不微笑对待学生、对待工作、对待生活呢？

5

就是改不了我的坏习惯

案例来源：曹晓莉

一、个案基本情况

甘同学，男，15 岁，高一某班学生。高一刚开学时，我就发现他上课特别爱说话，经常把头转向前后左右，寻机找周围同学说话，不仅自己没法安静学习，还会扰乱他人学习。老师上课提问题，他总是特别积极地参与，但大多是起哄式的参与。遇见课堂讨论问题，他就借讨论问题的机会，前后左右寻找搭讪对象。自习课上他几乎是一刻不停，说笑打闹，严重影响班级自习纪律，下课更是在走道胡乱打闹。一开始同学之间觉得好玩，时间久了，就引起班级其他同学反感，同学们经常戏谑打趣他，但他像毫无知觉，完全不在意。在宿舍里他也是话特别多，活脱脱一个精力旺盛、无休无止的话痨。他作业拖拉，不能按时完成，要么晚交，要么不交，各门功课老师都反映学习上习惯不好。时间观念不强，每次进班都是踩点，没踩住就是迟到。每周的课间操和体锻集合，他永远是最后到达，理由永远是上厕所。所有他的问题，看上去都是日常小事，但是却可以看出他行为习惯差。每次他出些问题，你批评他的时候，他都是满脸堆笑，龇牙咧嘴，认错态度特别好，不停点头说自己错了，下次改，一看就是个惯犯，而且脸皮厚，有时真是特别头痛。于是，我找他谈话，希望他遵守各项规章制度，以学习为重，自我调节，自我改进，做一名守时守纪、爱己爱人的学生，做好同桌，做好室友，做好同学。但几经反复，他也只在口头上答应，行动上却几乎没有任何改进。中段考结束，成绩册上，除了数学，其他八科都不及格，惨淡的成绩也未能让他安静下来。我一度怀疑他有多动症，但和年龄不符，思来想去，我觉得他就是不成熟，有点幼稚。我把他做课间操时散漫的动作、体锻时的打闹、自习课上的说笑都拍摄下来，第一次给他自己看，第二次发给他父母看。后来他父母给我打了一次长达一个小时的电话，主要讲述了他的成长经历，算是解除了我的困惑，但也让我沉重，我开始重新由现象到本质，追根溯源去寻因，想要从源头上去引导他慢慢改进，正是“每个人的成长都需要时间”，而他一定会耗时很长……

二、原因分析

结合他在学校的行为习惯，根据他妈妈提供的信息，我大概了解了这个孩子从出生到现在的整个成长过程，也隐约感觉到这个孩子的行为习惯不好大概有以下原因。

一是幼儿时远离父母，隔代宠溺。他在不满周岁时，被送到外祖父家寄养。大人们想着孩子远离父母，出于对孩子的关心、爱护和心疼，都对他疼爱有加，在不知不觉的溺爱和纵容着这个孩子。老人和亲朋长期围着转，养成了他以自我为中心的一些性格倾向，凡事只考虑自己，说话做事常凭自己喜好，不知道考虑别人的习惯，所以他想说话就说话，不会考虑对象、时间和场合，才会在集体生活中出现行为习惯偏差。

二是远离父爱母爱的孩子，有无法弥补的爱的缺失。父爱母爱是无法替代的爱，虽有亲朋万千宠爱，孩子最渴望的还是来自父母的爱。这样成长的孩子，会没有安全感，没有自信，甚至会怀疑自己是被父母遗弃的，会更加渴望获得别人的爱和关注，所以他特别想引起别人关注，但是却又不知该如何正确表达内心，才会有各种不合规矩和要求的不正常表现。

三是父母忽视了孩子的成长需求。他直到上小学才回到父母身边，而这时，他父母因为忙于照顾身体不好的祖父母，对他关注仍旧不够，甚至因为想着孩子越来越大，越来越懂事，对他关注越来越少，交流也越来越少，看到孩子表现好，得到学校老师的表扬，认为这是孩子应该做到的；看到孩子成绩下降或者有不写作业的情况，就指责。父母因为工作生活的忙碌，对他也没什么耐心，他开始了叛逆，开始喜欢玩手机，不爱学习，成绩开始下降。这个看上去行为习惯劣迹斑斑的孩子，一开始不过是想获得关注，得到交流、肯定与认同，才有了明明是积极参与，却变成了起哄；明明是想与人做朋友，却变成干扰别人学习的违纪；明明是想得到关注和认可，却选择了错误的方式。

三、干预措施

（1）倾注师爱，动之以情

剖开行为的外衣，看看孩子的内心，会感叹，会伤感，如果我没有细心的关注他，没有用心的了解他，简单粗暴地把他归类为问题学生，站在师长的高度，去指责，去呵斥，后果真的不敢想象。教育是心灵的艺术，充满了人情味的心灵交融，才会产生热爱之情，心理学家也说“爱是教育好学生的前提”。对于他这样成长背景的学生，我一边照顾他的颜面，一边敞开心扉，以关爱之心来触动他的心弦。当他在冬天还不按集会着装要求，穿着短裤时，我会说，不要冻坏了，会生病，老了可能会有老寒腿，而不是斥责他不按要求着装，违反规定，用师爱去温暖他，用情去感化他。

(2) 宽容以待，明之以心

古人云“人非圣贤，孰能无过”，所以要“宽以待人，容人之错”。过去的他可能每天都有各种行为上的不当之处，但是有一天我突然发现，连续每天都说话的他在和我谈话后，说话的次数明显减少。当他偶尔出现不当行为时，我只会默默地看他几眼，用眼神示意他的错误。慢慢地，他的不当言行出现的频率越来越低，我找他谈话的次数越来越少，而我们谈话的时间却越来越长。对他，我只温和以待，采用委婉的方法去教育，去鼓励，既保护了他的自尊心，也促进了师生的情感交流，工作中也能达到事半功倍的效果。

(3) 循循善诱，晓之以理

“一把钥匙开一把锁”，我深入了解他的行为习惯及其原因，理解他的不当言行不过是一种迫切想获得关注和认可的过激表现。当他再在自习课上找别人说话的时候，我会隔一天再把他叫到办公室，避免他遭遇别的学生异样的眼光，并把这种维护和保护他的面子的想法告诉他，再告诉他需要改进的地方——别人正在思考问题，打扰是一种不礼貌。我告诉他换位思考，当你安静思考时，是否乐意被打扰？耐心的引导，或者更能让他感受到他渴望的关心。在这些风轻云淡的交谈中，他不良行为习惯越来越少，学习上也有了进步。浅显易懂的道理让他提高自我认知，带给他启示和思考，唤起他良好的习惯意识，最终让他改正行为习惯，也激励了他努力学习。

四、个案感悟

行为习惯往往带有家庭教育的烙印，从小寄养在老人身边的孩子，虽有无穷无尽的爱，但难免溺爱较多。缺乏父母陪伴成长的孩子，在与人交流、沟通及表达个人情感上或多或少会存在一些问题，或者孤僻，或者过度兴奋激动，常常出现一些行为上的偏离，长此以往，必将影响的孩子的成长发展。而老师的关爱、关注和激励能引导孩子慢慢形成正确的认知，形成自己良好的行为习惯。就像每一阵风都可能成为花朵绽放的理由，每一个被关心的问题孩子都可能在夜幕中熠熠生辉。无论什么样的孩子，他们身上总能找到闪光点；无论什么样的孩子，都是家庭的希望。为了希望，我们耐心引导，给他慢慢成长的时间，静待绽放！

6

激励如细雨，润物细无声

案例来源：马静

一、案例当事人基本资料

钱某，男，16岁，某学校高中学生。该生平时比较活泼，富有活力，爱好打篮球、乒乓球等，也积极参加年级、学校的各种活动，如志愿者、舞工队。虽然他平时生龙活虎，但却有一些不良行为。在课堂上该生经常要出去上厕所，出去前很少向老师打招呼，上完厕所回来，也经常不向老师打报告就直接进来；同时在课堂上喜欢和同学讲话，喜欢起哄，有时还和老师犟嘴，找各种理由顶撞老师，缺乏对老师的尊重和有扰乱课堂的行为。在课下，该生有经常不交作业的现象，平时对“以考代练”的态度也比较消极，在考卷上多有“留白的艺术”，因此虽然入学该生成绩较好，但是经过一段时间的学习后，该生的成绩直线下降。此外，在课外活动中，该生屡次出现无故不去课间操、体育锻炼缺席的现象，也不热心班级的积极活动。该生的家庭环境较好，父亲是汕尾某企业单位的领导，母亲是汕尾某事业单位的职工，家中还有一个妹妹。在与其父母的交流过程中能够发现他父母教育程度较高，素养较高，但孩子却让他们头疼，对该小孩的叛逆，他们毫无办法。在人际交往方面，该生在校交往的好友一般是篮球场上的学生，还有和他一样上课爱讲话、不交作业的学生。虽然该生活力四射，也不乏聪明才智，但却不是意气风发、斗志昂扬地向学习和良好行为上进发，而是往反方面发展。

二、案例问题陈述

（1）行为不端正

该生在校期间，道德无知、是非不清，尤其是在尊师重道方面，缺乏对老师应有的尊重，上课期间多次随意进出教室而不打报告，在逃避课间操、体育锻炼后经常撒谎，行事比较随意，在违反纪律后不是积极主动承认错误，而是极力进行辩驳，找理由搪塞，不能及时规正行为。

(2) 纪律较松散

该生缺乏良好的纪律习惯，自控能力较差，对自己要求不严，纪律松散，意志力薄弱，不能很好地遵守学校纪律。具体表现为上课、自习期间讲话，逃避课间操和体育锻炼，偶有迟到的现象。

(3) 学习不积极

在学习方面，该生上课不积极主动，虽然很少趴在桌子上，但是上课状态不好。虽然不乏聪明活泼，但是上课缺乏求知欲，要么经常神游，要么在课堂上插嘴影响上课。在课后，该生作业不按时完成，对待平时的考练也不认真。此外，该生还有偏科的现象。

三、案例问题分析

世界卫生组织明确指出："健康不仅仅是没有躯体疾病，而是一种躯体、心理和社会功能均臻良好的状态。"一个人的健康不只是身体上的无病痛，而且心灵上的健康也同样重要。该生在情绪上，有时有过于激动的表现，有时表现出暴躁的情绪；在性格上，以自我为中心，比较爱慕虚荣，同时性格也比较暴躁；在意志上的表现也不佳，在遇到困难时，他的勇气便逃之夭夭，容易退缩不前。此外，该生还有一定的品行不良的行为，表现为攻击行为、说谎行为、破坏性行为、对抗行为等。比如该生可能在做错了事之后，以说谎来逃避责罚，多次强化模仿之后便会成为一种惯常性说谎。在情绪上，该生所表现出的种种行为，可能与青春期叛逆、青春期烦恼、过度焦虑以及沉闷的家庭气氛及过度紧张的师生关系有关。其性格的表现则大致和紧张的同学关系及家长不恰当、不理智、片面的溺爱等有关。意志品质作为学生生活和学习的重要保证，它并不是与生俱来的，而是需要经过后天有意识地培养。该生意志力薄弱，则和平时的学习和生活中缺乏培养意志的自觉性、果断性、坚韧性和自制力有关。

四、干预与处理方案

(1) 目标激励

目标在心理学上通常被称为"诱因"，即能够满足人的需要的外在物。在与该生的交谈和观察中了解到，该生虽然整体成绩较差，但是在个别科目以及活动上表现得却比较优异。比如在活动中，该生比较活跃，于是激励他有目的地参与活动，激励其多参加有益身心的活动，让其在活动中大展身手。在个别科目上，他比较优秀，在相似学科上，引导他也设定一定的目标，激发他的荣誉感和上进心。

（2）活动激励

行为是由动机支配的，而动机决定于人的需要。根据人的需要来调动和激发人的活动积极性，是符合学生的心理行为规律的。我根据该生的需要和兴趣进行激励其往积极向上的一面发展，鼓励该生在其优势的科目和体育上多参与竞赛，及时对其进行奖励。

（3）制度激励

我在班级制定可行性较强的制度，针对学生平时的表现进行加分或者扣分，如参与活动加分、好人好事加分、学习进步加分等。我将该生平时的优秀表现及时记录在班级的记录本上，进行加分公示，并提前向大家公示，到期末依据分数排名给予一定的奖励，如在评优评先、德育考核上给予优先考虑。

（4）评价激励

在《人性的弱点》中，“成人教育之父”戴尔·卡耐基就讲过：“促使人将自身能力发展到极限的最好办法，就是赞赏和鼓励。来自长辈或上司的批评，最容易丧失一个人的志气。”在平时的课堂中，我对该生的表现采取激励的态度，只要他的学习态度有所转变、回答问题积极，都对其进行语言上的赞赏，以鼓励的态度赞美他、表扬他，注意少批评。

（5）环境激励

在班级营造好环境。在生活环境上，我组织学生营造有序卫生舒适的环境，同时通过开展班级集体活动，增加同学间的友谊，形成班级互助互爱的环境；在学习上，形成良好的学习环境，班级学风优良，学生学习态度整体积极向上，在班级形成有利于学生发展的良好环境。

五、干预效果与反思

经过一段时间的干预后，该生上课扰乱纪律的次数越来越少了，回答问题越来越积极了，作业的质量也越来越高了。虽然目前仍有偶尔见到老师不尊重的现象，但是较之之前，他已经有了很大的转变。总的来说，通过以上的方法进行对该生的转变，还是取得了一定的成绩。

7

沟通架起爱的桥梁

——行为习惯案例分析

案例来源：明叶定

一、案例当事人基本资料

白某，男，身高183cm，别看他个子那么高，做出的事和说出来的话却像个小孩子，很不成熟。他家里一共三个孩子，他还有一个哥哥，一个姐姐，姐姐在读大学，哥哥在我们学校读高三。他跟哥哥性格完全不同，哥哥属于沉稳型，他是好动型，姐姐则属于乖巧型。作为家里最小的一个孩子，他从小就被全家人宠爱，这种爱过了头就变成了溺爱。他爸妈都是做生意的，两个人平时工作都很忙，没多少时间管他，长此以往，就导致他形成一种懒散、随意的生活习惯，也是导致该生进入高中以来，一时无法适应学习和班级各项规章制度和行为规范的原因之一。同时，由于该生的父母平时忙于工作，缺少沟通，导致他缺乏安全感，想通过扰乱课堂纪律来博得关注。该生在家经常跟他家人吵架，也不听哥哥姐姐的劝告，时常表露出厌学的态度。为帮助白某尽快融入班级，不扰乱课堂纪律，针对其情况进行充分地分析，施加干预措施刻不容缓。

二、案例问题陈述

白某从开学到现在，主要问题表现为爱讲话，不遵守班级制度。在课堂上频频讲话，接老师的话，打断老师的思路，耽误老师的课堂进度，扰乱课堂纪律，打扰其他同学学习；在自习课上，也喜欢与同桌讲话，无视老师的存在，老师提醒多次仍不听，且不遵守老师制定的班规，如不能课上吃东西，不能在书架上放杂物（他书架上每次都放好多吃的、喝的，如牛奶、麦片、茶叶等），导致我们班级老是扣分。相似的问题也表现在宿舍。回到宿舍，他老是喜欢去串寝；宿舍该他值日不好好打扫卫生，床上也堆有杂物，导致宿舍区扣分；经常讲话，影响其他同学休息。

出现这些问题后，我把他叫到办公室，找他谈话，跟他谈话的时候，他表现出一幅无所谓的态度，眼睛也不看我，他好像并没有意识到自己的错误，没有意识到问题的严重性。再一步进行沟通，帮他分析自身出现的问题后，他态度稍微好了一点，嘴上答应我以后不会再犯，但只是嘴上功夫，习惯一旦形成了，很难一下子就改掉。

三、案例问题分析

（1）家庭教育

一方面由于从小在父母和家人的溺爱中长大，白某的纪律意识很差，以自我为中心，不关爱班集体，不在乎集体荣誉，自控能力差，容易受周围人影响，也比较情绪化。上课精神状态不好，经常犯困，尤其是对于不喜欢的科目，经常趴着睡觉，我有好几次去巡堂都看到他在睡觉。精神状态好的时候他就喜欢接老师的话，有时候说一些无关课堂内容的话，引得全班同学哄堂大笑。另一方面，由于父母的沟通方式不对，经常以一种不平等的态度去交流，导致学生不愿意听，从而产生矛盾。与父母的沟通中，其父亲多次跟我提到孩子在初中时就调皮捣蛋，班主任经常打电话回去，他说："我这个孩子就是一个废物，骂了打了很多次就是不听。"从父亲的言语当中可以看出家庭教育方式过于简单粗暴，导致孩子比较自卑。

（2）行为习惯

由于他在上初中时一直都是这种懒散的学习态度，对于学习一点都不重视，上课讲话，趴桌，导致上了高中将这种坏习惯带了过来，还爱拿高中与初中做对比，觉得老师不应该管他那么多，与老师产生一种敌对的情绪。

四、干预和处理方案

（1）特别关注，多加沟通

对于白某出现的这种情况，只能通过沟通来了解他的思想动态。由于他父母工作忙，平时很少跟他沟通，作为老师，与其沟通可以给他一种老师在关心他、关注他、老师并没有因为他表现得不好而放弃他的感觉。每次我找他谈话，都会问他最近学习的一个状态，哪个科目比较吃力，课堂上掌握了多少，哪些掌握还不够。课上我也会多关注他，由于他英语基础较弱，所以，课上设置问题我会分层，稍微简单、可一眼看出答案的问题我就让他起来回答，这样多鼓励他，增强自信心，让他慢慢地培养对英语的兴趣。

(2) 奖罚分明，激励上进

对于课堂讲话的，我让纪律委员把名字记下来，全班分为三大组，说话最多的也就是名字记得最多的那个组，全组受罚，要么抄单词，一个单元单词每个10遍，要么打扫办公室卫生，轮流打扫，一人两天。他有时候会因为自己连累他人而慢慢地学会克制自己，这样纪律比之前要好一些。对于连续两周都没有上榜的组，每个成员加量化考核分2分，这样他们会形成一种竞争，营造一种安静的学习环境，当全班都安静下来学习时，白某也不好意思讲话破坏安静的学习环境。

(3) 家校合作，共创佳绩

白某出现的这一系列问题，我跟家长沟通过，微信上、电话里，我都有向他父母了解，从他们的口中，我听出了一种无奈，就是他们也管不了他。白某初中时，班主任经常打电话跟家长说，孩子各种不遵守纪律，让老师头疼，也让父母头痛。但是还好，他家人很配合我的工作，我让他们好好跟孩子沟通，平时多打电话关心他，学习或是生活。放假回家了也好好坐下来谈谈心，主要以激励为主，适当提出问题，帮他共同分析、解决。多鼓励他做些力所能及的事情，父母不可包办一切。刚开始，白某是排斥的，有时候甚至跟家人吵架，但后来态度发生了大转变。

五、干预效果及反思

从元旦到现在，我看到白某有明显的改变，课堂纪律比之前好了很多。虽然自习课有时候也会讲些话，据相关任课老师表示，白某的学习态度也比之前好很多。我去查寝的时候，生活老师跟我反映，说他现在这段时间没有乱串寝了，会按作息时间准时上床休息。后来我问了他妈妈，他妈妈说儿子好像一下子懂事了，还跟他妈妈谈到学习的重要性，跟她说会听老师的话，珍惜时间，好好学习。他爸爸说以前一直忙于生意，很少管儿子，表示十分愧疚，不想儿子竟然能够自己醒悟，让他大吃一惊，从他父母的口中，我听出了幸福的味道。

教育的路很漫长，需要我慢慢地摸索，在这条道路上，慢慢引导学生，多点理解，多点鼓励，多点沟通，学生之间，家长之间，三方架起爱的桥梁，爱，让教育之花绽放！

8

关爱是最好的教育

案例来源：丁智飞

一、基本资料

（1）家庭情况

赵某，男，16岁。该生家境殷实，出手阔绰，经常可以看到他在学校和朋友圈的“奢侈”生活。父母工作努力，长期在外出差，没有多余的精力去管理孩子，心生愧疚，对孩子的需求无论是合理的还是不合理的都尽量满足。家校工作难以形成合力，家长一直都是拜托班主任和科任老师多想想办法。该生星期天、寒暑假回家后，一个人在家里待着，常常是晚上疯狂打游戏，或者和同伴海吃海喝玩到半夜，第二天下午再起床，头不梳脸不洗地打电话叫外卖，吃完后继续开始新的玩乐节目，甚至到来校的当天也会因为玩而迟到。

（2）在校学习和交友情况

该生初中的基础并不差，但是进入高中后，由于知识的难度陡增，再加之对自己管理的过于松懈，导致成绩直线下降，后来干脆就放弃，上课趴桌，不交作业，自习时间聊天、发呆、看小书来打发时间，私带手机打游戏，逃避各种集体活动。他在朋友间出手大方，深受同学“欢迎”，在同学的纠纷和矛盾中处于“仲裁者”的地位，“威望”很高，带着所交的朋友一起违规违纪。

二、主要问题陈述

据了解，赵某从初二开始就慢慢地往一系列问题的方向发展，进入高中以来更是发展到一个比较严重的阶段了，成绩也因此迅速下滑。他的问题主要表现在以下几个方面。

① 经常性迟到，包括宿舍区和教学区，据了解晚上有看手机和聊天到深夜的现象，导致起不来；时间观念淡薄，无视规章制度，我行我素，不紧不慢。

② 多次请假在校医室待着。常常以肚子痛、头晕、手脚伤了一个非常小的口子为由去校医室看病，一看就是很长时间，直到班主任打电话到校医室或者去医务室找他。

③ 多次带头在上课和班会课期间跟老师唱反调，赢得同学“喝彩”，以此来表现自己。

④ 多次不参加集体活动，课间操和体育锻炼能逃就逃，不能逃就以各种理由搪塞、躲避。

⑤ 上课睡觉，晚自习聊天，扰乱课堂和自习纪律。

⑥ 班主任和德育老师找他谈心后，只能管三分钟，之后就抛之脑后，继续我行我素。

案主自我陈述：我知道很多事情做得不对，但是我害怕孤独，我想让家里人管我，我自己管不住自己。我也想好好学习，但是高中知识太难了，学不会啊。

三、问题分析

（1）缺乏一个温馨的、有爱的家庭，缺少父母的关爱和教育

正是因为这样的家庭环境，使得赵某急切地想表现自己，想通过做一些“特别”的事情引起周围人对他的“崇拜”和关注，从而摆脱孤独的境遇。他和同伴在一起的日子，他特别在乎，争分夺秒地表现自我；父母对他在物质需求上的满足，使得他不知道生活的艰辛和不易，养成大手大脚的毛病，并以这一“优势”笼络同学，建立“良好”的同伴关系或者说是“从属”关系；由于缺少教育，又被物质宠爱着，形成我行我素、自我为中心的性格。

（2）受周围不正环境的影响

他曾经跟老师说过，能以最快的方式引起同学们注意的就是违规违纪，因为他眼中看到的就是这样的，敢于与学校和老师“对着干”，会引起同学们的“喝彩”。所以很多时候他所作所为也许内心并不认同，却为了获得所谓的关注而选择做这样错误的事情。

四、干预方案

（1）多给予关怀和爱

家庭暂时不能给的，学校和老师尽力去建立有爱的环境。班主任和科任老师给予赵某更多的关注，先暂时放掉追问上课为什么睡觉或者为什么不交作业的原因，而是首先像家人一样对他嘘寒问暖。降温了，主动帮他在微店定校服；感冒发烧了，带他去看医生，一路小心嘱咐；生日了，发动全班给他过一个难忘的生日；发现他不开心或者心事重重的时候主动去询问和开导。慢慢地他开始跟老师们之间的感情升温了，主动与老师们敞开心扉地聊天，像朋友，更像家人。

(2) 帮助他建立正确的三观

在他慢慢敞开心扉、对老师的好感增加的同时，我慢慢对他展开思想教育。如帮他建立是非观念，要在大是大非下，坚定正确的方向和原则（这一点他其实早就认同，只是害怕失去关注）；建立正确的朋友观，什么是朋友，朋友间应该如何相处才是对双方的负责；建立正确的金钱观和消费观。

(3) 正确的满足他的“求关注”心理

他正式由班主任授予“班级仲裁官”荣誉，让他去了解或者让同学向他反映班级同学之间的矛盾，让他试着去帮助解决，前提是要保持公平、公正的原则，而不是金钱诱惑去调节和处理，并记录在册，班主任负责监督和引导；鼓励他在集体活动中做出表率，适时表扬。

(4) 帮助他在学习上进步

根据他的学习情况，制定了分层教学法，专门针对像赵某这样的困难生，以基础知识和趣味性知识为主，循循善诱，引导他们掌握扎实的基础知识和保持良好的学习兴趣和乐趣。

五、干预效果评估

经过一个学期的干预，赵某在各方面有了明显的改善。他慢慢成长为我们班级正能量的代言人，也是带领班级前进的“小明星”，各种违规违纪现象在不断减少；学习上也有了信心和动力，成绩在不断提升。但引导赵某的道路还有很长，需要老师和家长长期坚持不懈，更需要不断探索新思路、新方法。

9

你若用心，成功自来

案例来源：余人军

一、个案基本情况

谢某，家里的独生子，学校高中重点班学生。

(1) 家庭情况

爸爸妈妈对他的学习比较重视，但方法不多，并且因为是独生子，家里人都比较迁就他。这也导致他的性格比较特别：直爽但却不会控制情绪，爱憎分明但却不懂区别对象，能遵守原则但桀骜不驯，常常不服老师的管教，自尊心很强但心理承受能力较差，骄傲自大无视一切且自控能力较差，不太受纪律约束。

(2) 在校学习和交友情况

他是一个非常聪明的学生，学习能力极强，但由于自控能力差，不能坚持专心学习，另外经常不交作业，成绩一般在年级排名 100 名左右。有极强的集体荣誉感，但在班级喜欢说话或自言自语，且很难在座位上久坐。情绪控制能力也不太好，在班级和很多同学闹过矛盾，不太受同学欢迎。

二、主要问题陈述

① 无视学校纪律，经常迟到、晚归；

② 在宿舍不服从老师的管教，多次和生活老师顶撞；

③ 自习课上经常是想走就走，并且还喜欢说话，影响同学；

④ 自以为很厉害，不认真完成作业，甚至干脆不写作业；

⑤ 以自我为中心，看不惯同学的缺点，经常欺负同学。

三、干预步骤

(1) 关爱和尊重

老师的爱是一种无私的爱，对学生而言往往是非常重要的，可以给予孩子改正错误的勇气和力量。由于谢某已经高一，已经有自己的思维习惯和自己的价值观，不太容易接受别人的意见和改变自己的缺点。要改正他的这些习惯和观念，必须得有一个让他信服的人才能起到正面的影响作用。还好，我了解他也尊重他，并用自己强大的数学技能使他信服，也能冷静和耐心地面对他所犯的每一次错误。不管怎样，他在我面前都能表现正常，在很多事情上也能听取我的意见，随着时间的过去，他也在慢慢改正一些缺点。

(2) 加强行为习惯的教育

通过面谈和其他各种交流方式，教育他在面对不同问题时应该怎样去分析和解决，特别是在对他各种不良行为习惯的教育上，首先我会充分尊重他，然后再指出他的不足，并用好的实例教育他。

(3) 尊重激励

苏霍姆林斯基指出："我们越是深入学生的内心世界，体验他们的思想感情，就越体会这样一条真理：在影响学生的内心世界时，不应该损失他们心灵中最敏感的一个角落——人的自尊心。"而他刚好就是一个具有极强自尊心的一个学生，更渴望得到别人的尊重和重视，我对他亦师亦友亦父亲的身份使他非常愿意接受我的教育并不断做出改正，每学期结束时我更是尽心尽力给他写好一份真实的批语。高一第一学期他看到评语后，写下了"定不辱使命"，高一第二学期结束他看到评语后哭了两次，用泪水写下了学习的决心。

四、干预效果

进入高二，他在思想上似乎有了本质的变化，虽然还有一些小缺点，但是各方面都变化很大，尤其是学习方面，他不再浪费他的学习能力，并且还知道刻苦努力了，成绩也从 100 名左右奋起直追，高二第一学期的各次大型考试，他的成绩基本稳定在了年级的 20 名左右，他的未来可期！

10

沉默含苞，灿烂绽放

案例来源：黄晶

一、个案基本分析

郑某某，男，17岁，某校高二年级学生。该生平时跟同学相处时正常，性格外向，但是面对老师则沉默寡言，一言不发的时候居多，并且常常对老师说的话不做任何回应。在日常常规方面，很喜欢塞着耳塞跟同学讲话，对于老师的谈话也充耳不闻。成绩方面，该生偏科严重，理科成绩很好，尤其是物理，能够进入班级前十，但是语文和英语基本放弃。该生在进入高一之后，多次与老师顶撞，不服从管教，纪律意识非常淡薄，甚至于敢当面顶撞校长。该生是本校初中部直升上来的，据该生初中老师反映，该生父母都是摆水果摊的，文化水平不高，姐姐在外读书，所以家里几乎都没人，只有他一个人在家。长期的独处导致该生在性格中具有两面性，面对大人，会下意识逃避、沉默，同时他也渴望交流，所以和同龄人相处时，他非常有倾诉欲，会非常乐于和自己的同龄人进行交流。在家长会时，和家长交流的过程中得知，家长一直忙于照顾水果摊，疏于对郑某某的照顾，其实家长内心十分愧疚，觉得缺少了对孩子的陪伴。与此同时，郑某某也不愿意跟父母沟通，觉得父母什么都不懂，无法理解他自由的思想，只会偶尔跟姐姐打个电话，但是也很少。通过对他家庭情况的了解，作为班主任的我，明白他的家庭教育缺失，让他没有形成固有的规则意识，导致了他如今的纪律意识淡薄。

二、原因分析

(1) 家庭教育

家庭教育的缺失可以说是该生纪律意识淡薄的主要原因。父母文化水平不高，所以不知道该如何去跟该生沟通，再加上父母忙于照顾生意，也没有时间去多照顾该生的情绪，管教就更无从谈起。而唯一可以和他有一些共同语言的姐姐在外读书，该生唯一可以交流和寄托的人也不在身边，这也导致了该生在面对大人时较为自闭。久而久之，纪律意识和规则意识变得越来越淡薄，甚至不放在心上，蔓延到学习中也是“我开心就好”，从而导致严重的偏科现象。

(2）对于交流的渴望

不管家庭教育如何缺失，该生还是一个正常的孩子，还是渴望被周围的同学接纳，渴望有正常的交际圈子，所以在面对同龄人时，该生还是会正常进行人际交往。在面对自己的同龄人时，该生甚至表现出来的情绪都要明显很多，话也多了很多，所以在自习课等时间，会一直跟周围的同学讲话，导致了课堂纪律不好。

(3）认同感

该生一直刻苦的学习理科，周围的同学都对他非常崇拜，这给他带来了巨大的心理满足感。所以该生干脆丢掉语文和英语，专心学习理科，导致了他严重的偏科。其实他的内心十分渴望从成绩上获得来自同学和老师的认同，所以非常努力地想要通过自己的擅长获得认同感，忽视了其他需要注意的地方。这也加剧了学生对纪律意识的忽视，觉得自己只要理科好就行，其他的不用管。

三、干预步骤

(1）尊重和表扬

老师作为学生在学校最值得信赖的人，自然会被学生寄予最大的期望，如果老师都不站在他这边，学生会有更加出格的举动也未可知。并且，这个年纪的学生，已经有了自己基本的三观，往往叛逆心理都很严重。所以对他的错误，如果只是单纯的责备，只会让他对学校生活和老师更加反感。所以我每一次都会抓住他一些细小的点，来表扬他。虽然他的语文和英语不是很好，但是我还是会在他每一次的作业里进行点评，并且大部分都是鼓励他的话。一段时间之后，他的语文小测明显写得更认真了，虽然在大考中，语文成绩还是不理想，但是每一点的进步都值得赞许。

(2）加强规则意识的教育

该生因为从小欠缺家庭教育，所以对于规则意识并没有那么敏锐。而我不能只针对他一个人，所以我从全班入手，对全班都加强了规则意识的教育，从主题班会课，到严格的奖惩制度，再到对个人的教育，我让全班都强化了规则意识。对于他每一次良好的纪律保持，我都进行了公开表扬。在这样的环境影响中，该生能够耳濡目染，约束好自己的行为，对自己进行更好的管理。

四、反思

每个学生都有优点和缺点，我们应该多鼓励、多表扬，激励型的德育模式一直以来都给我们学校的管理带来了非常重要的影响，也让我们对于德育工作有明确的方向。学生的纪律意识薄弱一直都是学生管理工作中的重头戏，也是令人头疼的问题，要解决，还是要以退为进，多用爱感化他们，才会收到良好的效果。

11

让青春焕发该有的光彩

案例来源：陈光旭

一、基本情况

陈某某，男，16岁。该同学在高二开学初期就表现出课堂上爱聊天、自习课纪律差、课堂爱接话等一系列不良行为。根据任课教师反映，该生经常在课堂上除了说闲话就是睡觉，自制力很差，完全没有学习的意识，多次在老师叫醒后又继续睡。该生还存在课堂看课外书的问题，玩手机也较为严重，曾两次偷带手机来校，甚至在课堂上用手机看小说。晚自习比较喜欢讲话，课下喜欢与同学打闹。缺乏进取心，放任自流，不思学习，贪图玩乐。性格比较固执，在学习方面存在畏难心理。比较散漫，处事情绪化，性格暴躁，易冲动。在同学中人缘较差。

二、原因分析

该生家庭条件优渥，成长过程中一直顺风顺水，家长都受过高等教育，从小受到的教育条件优越，父母对其要求很严格，对其寄以的希望非常高。该生从小学到初中成绩都较为优异，到高中后父母对其要求降低，同时也正因为其家庭条件较好，导致该生没有学习动力，不思进取，以为自己以后的路会有父母帮忙。认为读书无用，同时也不想吃苦，只想混到毕业而已。

三、干预步骤

以德育激励模式为指导思想，发掘该生亮点，指出其身上存在的问题，找到问题的根本原因，鼓励其改变目前的不良行为。对其格外关怀，使他能在关怀中逐渐转化为高素质的青少年。

（1）情感交流，了解问题本质

针对该生存在的问题，我多次和他进行了非常深入的交流，了解了他的家庭情况和他的想法，得知该生在读高一时其父母离异，这对他的打击非常大，导致他高一阶段根本无心学习，每天自怨自艾，感叹为什么这么不幸的事情会发生在自己身上。同时也由于找不到人来倾诉，以及怕被同学耻笑是在单亲家庭长大，导致该生心理问题较为严重，性格发生很大变化，常常和别人因为几句话言语不和，就对别人大吼大叫。又由于父母离异之后，该生一直同父亲生活，父亲做生意非常忙，陪他的时间特别少，让其倍感孤独和悲凉，因此虽然家庭条件较好，没有父母的关爱，他仍然觉得非常痛苦。

（2）鼓励该生，使其不再迷茫

了解到问题的原因之后，我认为应该对症下药，其实最关键的问题就在于其父母对其教育上存在一定的缺失，让该生在回家之后常常体会不到家庭的温暖，基于此，我觉得要更深入地去做思想工作。接下来我和该生进行了第二次谈话，这次谈话更加深入，我详细地分析了他的性格，以及课堂不良表现的原因，让他知道他的本质并不差，让他懂得父母离异是大人的事情，是其他人无法去左右的事情，他们有离异的权利，离异对父母来说也许都是更好的结果，作为子女应该对他们予以祝福。并且要知道，即便父母离异了，他们仍然都是爱他的，他并不缺少爱，让他慢慢懂得其中的道理。接下来我跟他谈了学习的意义所在，学习是提升自己知识文化以及道德素养的良方，其次通过高考，通过大学专业知识的学习，我们掌握一技之长，能够安身立命。父母再有钱是父母的，父母又能工作到什么时候呢，将来还是要靠自己的。我让他知道是因为没有明确的学习目标才会觉得无所事事，让他明白当他确定了自己的人生目标之后，自己的学习就一定会非常有动力，就不会觉得每天都是庸庸碌碌的了。

（3）家校沟通，改变家长观念

之后我分别和该生的父母进行了沟通，调整他们的教养心态，帮助孩子走出心灵的阴影，以坚强、阳光的心态面对成长中的各种困难和挫折。该生的爸爸妈妈也进行了深刻的反省，认识到自己对孩子的关心是非常不够的，答应以后会多拿出时间来陪孩子，让其感受到父母对他的爱，正确地引导，让孩子尽快走上正轨，也让他能正确地面对错误。

四、辅导效果

在经过与该生及其父母的谈话之后，我密切关注他接下来的表现，我发现他在课堂上的表现比以前好很多，课堂上听课比较专注，不再随便接话，对待作业的态度也更加认真了。我及时地对他的改变给予肯定，并且在全班同学面前对其进行表扬。再后来我发现他的成绩比以前也进步了很多，每一次的进步，我都会对其进行肯定和鼓励。他真的重新振作起来了，恢复了积极阳光的生活态度，学习更加努力。同学们和他也关系融洽，他也更加热情地帮助同学。

五、辅导反思

通过该生的案例，我感到作为班主任要关注班级每一个群体学生的心理成长，过去对于优等生关注的比较多，而容易忽视对部分学困生的心理辅导。其次，遇到学生出现的问题，要透过现象分析原因，然后进行有针对性地辅导，才能收到较好的效果。

12

被溺爱包裹的谎言

——说谎行为教育辅导案例

案例来源：李肖

一、个案基本情况

翁某，男，2002年出生，17岁，高二年级学生。该生性格较开朗，但情绪波动较大，脾气暴躁难以控制。基本礼貌缺乏，缺少尊重他人的意识。智商正常，学习成绩一般，且学习会受到情绪的波动影响。他是家中的独子，父母年纪都比较大，且工作繁忙，亲子相处时间较少，传统中国家庭观念让他们对唯一的孩子心存愧疚，只能通过溺爱来弥补，包容他的一切，并极力满足他的要求。过度的溺爱以及缺乏正确的引导，让翁某养成了错误的是非观、唯我独尊的性格，在与同学相处中，过度追求自尊心，导致虚荣心过盛，向老师、同学多次说谎，藏匿手机，拒不认错，诚信缺失。

二、原因分析

(1) 家庭教育

翁某从小就缺乏正确的教育和引导。因为父母工作原因，平时缺乏和孩子心理的沟通，不了解孩子也不懂得如何对孩子正确教育。且自孩子上学后住校，接触孩子的机会减少，这让父母对孩子产生愧疚心理，给孩子施加了变形的爱。在老师教育孩子过程中，家长伙同孩子说谎，纵容包庇孩子的错误行为，导致孩子失信于老师同学。过度的虚荣心和撒谎的行为得不到矫正，久而久之就变成了一种习惯性的行为。

(2) 逃避心理

随着学习难度的加深，懒惰心理导致翁某成绩明显下滑，学习动力缺失。出于逃避心理，翁某从手机阅读中寻找成就感，久而久之养成了过度依赖手机的行为，说谎未带手机返校，课上藏匿手机看小说，浪费学习时间，成绩继续下滑，恶性循环。

(3) 虚荣心理

考练过程中，由于虚荣心理作祟，为得到较好成绩，利用手机作弊，又害怕被同学嘲笑，说谎是自己独立完成，自欺欺人，满足自我保护的心理机制。特别是被抓到后，拒不承认，企图逃避惩罚，致使撒谎行为逐渐被强化。这种因虚荣心理的撒谎行为在一定程度上满足了翁某想得到别人认可的心理，这更助长了其说谎行为。

三、辅导措施

(1) 晓之以理、动之以情

帮助翁某了解自身思想品德状况同社会要求之间的差距，启发他认识到接受教育影响、实现思想转化的需要，从而产生接受教育和进行自我教育的内在动力。通过摆事实、讲道理，帮助他理解和掌握社会要求的思想观念和行为规范，分清是非善恶，明白事理，提高思想品德认识。

具体的说就是要真诚地尊重、信任、关怀他，不管他犯了什么错误，都首先尊重他的人格，从而实现情感沟通，防止和消除他在心理上的隔阂和障碍。

(2) 加强诚信教育

通过谈心的方式交流，教育他说实话、做实事，向他提出明确的行为要求，并说明要接受老师和同学的监督，给他制度和环境的约束。动之以情，晓之以理，让他体会说真话的难能可贵，以及说真话时同学们的真心相待，用关爱的方式给予他正确的是非观、价值观的指导，指明方向，使学生信服，并自愿改正自己的错误行为。

(3) 分析说谎的负面影响

帮助分析人说谎所造成的后果，找相关案例给他看，让他说出感想，并自己分析这样的行为造成的后果。同时，帮助他认识自己的优点，甚至是别的同学很少有的优点，让他感觉到他能通过自己的努力改掉自身的不良习惯。

四、反思

我深深体会到，要成功转化一名学生的不良行为，几个月何其短暂！他十几年养成的习惯，不是说改就改得了的。但是，至少我的坚持努力，让他有了改变的愿望，这也算是“效果”了吧！

13

脚踏实地去填“坑”

案例来源：冯岗凤

一、基本资料

容某，17岁，本校高三年级学生。

（1）家庭情况

该生在高中的成长环境与初中截然不同。容某，广东肇庆人，因父母工作，跟随父母到广州定居，从小在父母身边长大，受父母严格的管教和约束。小学到初中的学习成绩一般，后因中考成绩不理想，经父母朋友介绍，高中来到了本校学习，从此开始了住校的集体生活。又因回家路途遥远以及车费昂贵，选择周末长住，一学年下来只有寒暑假才回广州。法定节假日如端午节、国庆节等都是寄住在父母的朋友家里。高中两年以来，父亲因工作繁忙，对孩子基本没有管教。母亲是家庭主妇，在广州照顾正在读初中的弟弟妹妹，更是无暇顾及。于是，容某就开始放任自我，松懈，生活和行为上对自己没有严格的要求。

（2）在校情况

他平时没有父母管教，父母的朋友只是暂时在节假日代为监护。态度上的松懈导致他在学校的行为习惯和学习习惯日下千里。早上起床拖延，经常在早读迟到；走在校道上也不急不忙，淡定从容，时间观念很薄弱。高一上课选择性的听讲，但更多的是趴桌睡觉。高二上课大部分的课程都听不懂，于是白天在教学区都是睡觉的状态，有时因为睡觉连课间操铃声都没有听到。白天睡眠充足，晚上睡不着他就看自己买的小说等读本，或是用MP3看电子书，经常看到凌晨二三点。在跟同学的交往中，并没有很好地融入集体生活中，经常独来独往，一个人去食堂，一个人从生活区来到教学区。在教室跟老师的交流也很少，只有在他违反规定时，老师主动找他。

二、问题分析

我通过观察、和他交流、电话联系他的父母，发现他的问题主要由以下几种情况引起。

(1) 父母在初中过于严格的要求，导致他在没有父母监管的情况下叛逆情绪大

管理和被管理就像一根弹簧。初中对容某的严格监管，并且在火爆性格的母亲的说教下成长，对孩子过高的期望，都使得他在初中成长得很压抑。而一到高中，住校生活要求自己很独立，没有父母天天在身边严格监管，这一根弹簧在之前的用力拉直后，一下放手，就被弹回到原形。甚至由于之前的过于用力，还会产生变形，即过于严格带来的副作用。他感觉到过于放松，久而久之，就变成习惯。

(2) 内心的孤单和自卑

美国心理学家马斯洛提出了人的需求层次理论，分别是生理需求、安全需求、社交需求、尊重需求和自我实现。通俗的理解是一个人不能缺乏食物、安全、爱和尊重等需要。由于容某在学习上的态度不端正，导致他的成绩一直下降，平时也很少得到老师的表扬，更多的时候是受到老师的批评，使他觉得处处不如人，自己的想法、需求无处诉说，长期以来就形成了他孤僻的性格。别的同学一到周末或是法定节假日可以回到自己家或者家长亲自接送，而他父母不在身边，缺少了关怀，内心深处也很自卑，于是就开始用看小说、睡觉、不参加课间操等与集体活动格格不入的方式活在自我的世界里。

三、干预措施

通过以上分析，我发现他身上的问题主要来源于父母的不当监管和自身控制力差，于是我决定从家长和他本人入手。

① 通过电话或微信与他父母交流，希望他们和学校共同承担起教育孩子的责任，平时在合适的时间打电话多关心自己的孩子，让孩子感受到父母的爱和重视。在本学期的家长会上我也特别邀请他的父母都过来跟老师们交流孩子的情况。现在都还记得他考完试回到班级看到他父母的表情，是那么开心，又带着点羞涩。我相信这次经历让他感受到了父母对他的关怀。

② 针对自己学习没有动力、无法克制自己上课睡觉的情况，我跟他父母一起沟通，找个机会让他体验社会生活。于是容某的父母帮他请了假，向深圳开工厂的朋友协商好让他去体验没有文凭做的工作（流水线）。十天以后回到学校，容某在课堂上没有趴桌睡觉，课下还会偶尔找老师请教问题，变化巨大。

③ 作为班主任，在他回校后也与他进行了交流，帮助他重新树立希望，端正学习的态度，在他进步后给予表扬，慢慢让他找回自信。记得第三月考的数学，他进步巨大，班里同学自主用班费奖励了容某 100 元现金。

四、反思

容某的行为表现进步巨大，但学习上还需要一定的毅力和奋斗，毕竟基础太差。作为教育工作者，应该耐心帮助这些学生，找到正确的方法，既要做他们的老师，又要像他们的父母，更要走进他们的内心世界，引导他们健康快乐地成长。给学生时间，因为我相信每一朵花都为绚烂绽放！

14

拨开阴霾，看到阳光

案例来源：贾茹

一、案例当事人基本资料

杨某，女，15 岁，尊敬师长，与同学团结友爱，学习勤奋努力，成绩优等，是年级的公费生，以诚实上进而获得师生的普遍好评。但她却在初三一次月考中由于作弊而被监考老师抓住，因害怕被学校处分，丧失公费生资格，导致几天茶饭不思，夜不能寐，并且好长一段时间精神状况极差，抑郁不安。她母亲反映，她回到家也不说话，总是把自己一个人关在房子里；同学反映，她在校也很少跟同学们谈笑了，多是一个人独自行动。

二、案例问题陈述

该女生的行为是由于考试作弊被发现以后，害怕受处分，丢面子，导致心情非常地焦虑和紧张。既害怕父母知道后会责骂自己，又害怕更多的老师知道后会改变对自己一贯良好的评价，更怕同学知道后会指指点点，瞧不起自己，孤立自己。该女生考试作弊，有很复杂的原因，并不表示她品质不好，并不说明她变坏了，只是由于一时的心理偏差而做出了不恰当的行为。在处理这种问题时，切忌无限上纲上线，武断下结论或墨守成规，简单做出处分，避免导致当事人在高度压力下，做出极端的行为，引发无可挽回的悲剧。

三、案例问题分析

作弊现象的出现，是与当前社会大环境的影响分不开的，也是某些不科学、不合理的教育评价制度的弊端和单一的人才选拔制度的产物，因而需要综合治理。

四、干预与处理方案

① 及时与杨某谈心，了解其行为的动机以及行为前后的心路历程。谈心

时，心平气和，避免采取审问式的态度。杨某谈道："我周围有一个同学本来比我差，平时常抄我的作业，可测验时总比我好，就是因为偷看，我就不服气；另外，我家里希望我阶段考能进年级前10名，我感到较困难。况且我见有人作弊又没被老师发现……"归结起来，该生之所以作弊，原因主要有：一是虚荣心作怪，总想考得更好的名次；二是不平衡心理，看到本来比自己差的人由于作弊而获得高分，受到老师表扬；三是侥幸心理，见有人作弊未被发现，自己也铤而走险；四是家长的压力，期望太高。同时该生也表示现在非常后悔，也特别害怕。了解情况后，我先安慰她，同时引导她正确认识自己的错误。

② 召开主题班会，专门就"作弊心态种种"请同学们谈谈自身的经历和感受。会前我首先开诚布公地表明自己的看法，"作弊"不是思想品质问题，只是由于各种复杂原因引起的心理症结，一念之差导致做出傻事，再进一步引导学生正确认识作弊的危害性，明确"诚实比分数更重要"，要"先学会做人，再学会做学问。"同学们的切身感受，也给杨某以启发。

③ 有意安排平时与杨某较要好的同学主动接近她，跟她玩在一起、学在一起，以消除其孤独心理，让她知道同学们仍然像以前一样待她。

④ 根据其学科特长，鼓励她报名担任科代表，要求她放下包袱，努力工作。及时表扬她对工作的负责态度，并告诉她科任老师对她的工作感到满意，使她感到班主任、老师并未全盘否定她，通过自己的努力是会获得人们的承认和赞赏的。

⑤ 积极与家长联系，争取家长的配合。引导家长正确对待孩子的错误，帮助孩子走出恐惧、压抑、痛苦的阴影。要求家长不要过分责骂孩子，应加强与孩子的沟通，对孩子的期望值不要过高，以免适得其反，只要尽力而为就行。同时也启发家长改变观念，不要把分数当作评价孩子的唯一标准，而应重视各方面综合素质的培养，以适应未来社会的要求。家长听后，说明平时在家里对子女要求很严，对她的要求也很高，因为家里人都是大学生，家长自身在单位都是业务骨干，年年被评为先进工作者。家长最后表示以后要改变教育方法，以减轻孩子的压力。

五、干预效果与反思

通过深入细致的工作，在教师、家长的密切配合下，杨某开始摆脱作弊带来的焦虑情绪，进入了正常的生活、学习轨道，并且对自己的作弊行为作出了深刻的认识，认为这样做太幼稚了，太不值得了，表示从哪里跌倒，就要从哪里爬起来。她又像以前一样融入班集体里面，并且更加努力学习和认真工作，赢得师生一致好评。

在学生中开展心理健康教育，是学校实施素质教育的一项重要任务。心理辅导是开展心理健康教育的一种工作方式，对学生进行个别辅导是开展心理辅导的主要途径和方式之一。我回忆了这些年的教学生活，感觉到心理健康问题在一些学生中普遍存在，我们对此不能等闲视之，必须认真对待，否则会对学生身心健康都产生不利影响。我们一定要通过各种有效方式引导学生走出心理误区，培养他们良好的心理健康素质，争取让每一位同学都快乐而健康地成长。

15

静待花开

案例来源：郭淑慧

一、个案基本情况

林某某，男，13岁。该生性格较开朗，但行为习惯极差，对同学蛮横无理，对师长缺乏基本的礼貌，作业经常不写。该生遇到问题或者错误时，第一句话就是“我没有”，喜欢找各种各样的借口。周末沉迷于手机或者游戏、小说。该生在家里更是无法无天，父母对管教他已经束手无策。该生是家庭里唯一的男孩子，可以算是他父母的老来得子，从小就生活在蜜罐中，父母十分溺爱这个孩子，几乎什么事都依着他。该生在小学三年级之前还是一个成绩优异的学生，但是在四年级之后结交了一些不好的朋友，开始抽烟、打架、不学习，成了一个问题学生。

二、原因分析

（1）家庭教育

因为该生算是其父母的老来得子，该生的父母极其溺爱该生，甚至是对该生所犯的错误采取包庇的态度，一切以该生为中心。该生父母一旦遇到孩子的问题，就会失去理智，是一个极其难交流的家长。比如，军训期间，该生饮食习惯极为不健康，自律性极差，喜欢喝饮料吃零食，该生父母就会把责任推给学校超市，认为超市不应该卖饮料和零食，却不会反思自身在家庭教育方面存在的问题。

（2）逃避责任的心理

该生遇到问题或者错误时，第一句话就是“我没有”，总是喜欢找各种各样的借口来逃避。究其原因，该生遇到任何的问题，父母都会替该生解决，即使是该生自身的错误，父母也会找各种各样的理由帮该生搪塞。例如，在2018年11月，班级同学在打扫卫生时，发现该生桌子里面有一只打火机，经过调查，该生亲口承认带香烟来学校并在学校宿舍吸烟，宿舍同学也证实了此事，该生也写下了事情的经过。当和该生父母联系此事时，该生父母第一反应就是包庇该生，不配合学校的处理，不承认该生吸烟的事实。后来，该生当着老师的面和其父母沟通，亲口承认吸烟事实，其父母才接受。该生的这种遇事逃避、缺乏责任担当的心理，很大一部分原因来自其家庭教育。

(3) 自卑心理

该生的学习习惯和行为习惯极差，所以身边的同学也不愿意和该生走得近，久而久之，该生产生了孤独感甚至是自卑心理。他希望能融入集体中，但是自己的学习习惯和行为习惯和其他同学比较，又显得十分格格不入。所以该生总想搞出一些事情来引起同学注意，比如上课说说话、搞搞笑等，这些都是不自信、自卑的表现。

(4) 习惯性心理

由于该生习惯被家人照顾，无论遇到什么事，父母都会替他解决，因此，该生习惯说谎、习惯不写作业、习惯课堂说话……，最终导致该生对任何事情都不在乎。不好的习惯一旦形成，就会更加的肆无忌惮，所以该生来到学校的第一天，就带着种种不好的行为习惯，和班级同学格格不入。

三、干预步骤

(1) 倾听

问题学生的背后都是存在原因的，我们一定要先了解，然后再找解决的方案。通过和林某某的交流，我发现林某某的改变来自缺乏家庭的关爱。该生父母工作繁忙，陪伴他的时间很少，父母会通过物质来弥补对孩子的亏欠，因此，林某某在零花钱数目方面是同龄孩子的几倍。所以，该生用这些零花钱去网吧打游戏、买神魔小说、结交社会上行为习惯极差的人，也学会了吸烟。该生沉溺在网络和小说世界，每天精神恍惚，对学习提不起兴趣，因此恶性循环，从小学四年级成绩一直下滑。该生父母在发现孩子问题时，没有采取正确的教育方法，而是一味地纵容，最终导致孩子无法无天，最后父母无法管教。通过倾听，我更加了解该生，也能帮助我找到适合转变他的方式方法。

(2) 给予尊重和关爱

该生虽然存在很多问题，但是自尊心非常强，很要面子，不能受任何的委屈。对于这样的学生，我们要想改变他，就不能在大庭广众下批评，这样可能让他反感我们的教育，甚至会让他和我们越来越远，不愿意和我们交流。对于该生，我尽量去发现他的优点、进步，每次都会找合适的机会，在班级去表扬他。发现他的问题和错误，我会单独在办公室对他批评教育，通过温和的方式，让该生明白老师的良苦用心。通过尊重和关爱，该生愿意和我靠近，同时，遇到错误，不再选择逃避，而是勇于承认和担当。

(3) 多鼓励少批评

任何人都喜欢他人的表扬，无论大人还是孩子，我们都说，好孩子是夸出来的，该生也是这样。每次表扬他，我都发现他很害羞，但是内心却是很开心的。该生的头脑比较灵活，理解能力较强，所以，只要他上课能够认真听课，他的成绩就会不错。因此，我通过和科任老师交流来了解该生的成绩，只要他的成绩进步，我就会在全班表扬他，让他获得更多的自信，同时也会改变同学对他不好的看法。

(4) 目标教育

有了目标就有了方向，有了动力。中段考，该生的成绩在年级排在 500 多名。我利用中段考的这次机会，和该生进行了交流。我肯定了该生这段时间的努力，同时，我也表明了我的态度。我告诉该生，他现在的成绩并不理想，他的发展空间是无限大的。通过交流，该生也表态自己会更加努力，会端正学习态度，期末目标是年级前 350 名。口说无凭，通过和该生家长交流，我知道该生沉迷手机、电脑、小说，所以，我就和该生立下约定，为了表决心，可不可以把手机、电脑、小说、kindle 上交给我，我替他来保管。没想到，该生在我的教育下，答应了要求，把电脑、手机、小说、kindle 都交了上来让我保管，期末达到目标再拿回。

(5) 允许犯错，在错误中成长

当学生犯错时，这往往也是我们改变他们的一次绝佳机会，学生也会在错误中成长。但是，在他们犯错后，一定要他们意识到自己错在了哪里，要如何改变，改变的措施是什么。所以，当该生吸烟事件发生后，我没有大声的去训斥该生，而是让该生去分析自己，问题、吸烟的危害以及带来的影响，让该生自己真正意识到自己的错误。当事情发生后，该生的父母采取包庇态度，不愿意配合学校的工作，但是该生却当着他父母的面主动承担错误，让其父母无地自容。该生的行为举动，也给其父母上了最好的一课。所以，该生在家校交流中，起到了润滑剂的作用。

四、反思

“十年树木百年树人”，任何事物的发展变化都是需要时间的，量的积累才能达到质的飞跃，更何况我们从事教育事业，这是一份“良心活”。小而言之，一个孩子是一个家庭的希望，大而言之，他们就是祖国的未来，可能我们的一个眼神、一句话就会影响孩子的一生，所以，我们“为人师表，教书育人”，任重而道远。我们需要花更多的时间和精力、倾注更多耐心和爱心在孩子身上。相信，在爱心和耐心的陪伴下，我们的学生定会茁壮成长。我相信，你若盛开，蝴蝶自来，我们一起静待花开！

16

以爱促成长

案例来源：林晓燕

一、个案基本情况

张某，男，12岁。该生性格活泼开朗，外向，随和，比较自由散漫。该生是体育特长生，对学习没有兴趣，也因为缺少方法，学习成绩处于班级下层水平。再者，他自控能力差，自尊心强，由于自身基础薄弱，行为习惯较差，因此对于自己的学习方面也缺乏自信，经常不完成作业，而且喜欢给自己的行为找各种各样的借口，有时候还伴随着说谎。具体表现为在班级里喜欢上课插话，不认真上课，并且与同学闹小矛盾时也不让步；在宿舍则是不能遵守宿舍的规章制度，经常在休息时间大声讲话，扰乱其他同学的作息。通过对其家庭情况进行简单的了解，发现这孩子父母都是个体户，自己做生意，家庭条件较为优越，但是有时候父母忙于工作很少对其进行教育，也存在方法不合适这一问题。该生行为习惯等问题的存在不是简单几天或者几个星期形成的，父母了解他的情况，有时也非常头疼。通过我们的交流联系，我也更进一步地了解了一些问题。在班级里，很多同学都对他屡教不改的行为习惯表示不理解，也有些厌烦。针对上述的情况，作为班主任，我也应加以密切关注，进一步去分析了解他。

二、原因分析

(1) 家庭原因

由于父母工作忙碌，有时候会疏于管教，以至于他对纪律和规则的意识非常淡薄。由于家庭条件较为优越，孩子在家缺少自己动手的机会，不知道怎样去管理好自己的生活，自理能力差。孩子作为篮球特长生，练习篮球是必要的，但是家长觉得会影响他的学习成绩，直接停掉了他周末的体育训练，这在某些方面也影响了孩子的心理。另外，孩子撒谎以及行为习惯不太好的问题家长也知道，但都没有得到及时指引和纠正。

(2) 个人原因

当遇到事情时，该生很少去做出努力和尝试，当做错了某些事情时，会找很多理由为自己开脱，学习方面也比较被动消极。根据美国心理学家韦纳的成败归因理论来说，成败的六因素中包括能力、努力程度、工作难度、运气、身体状况以及外界环境，但是这个孩子经常是将自己的问题大部分归结于外部条件以及环境，这也就导致他很少从自身的角度去认识、思考以及反省问题。同样地，这孩子的心理也相对比较脆弱敏感，在犯错并为自己找理由后，在受到批评教育时，也总会觉得委屈、被冤枉，因此也常出现不稳定的情绪。我们都知道，初中阶段是孩子习惯养成的一个重要时期，而现在他的行为习惯就极大地需要改进。

三、干预与处理方案

(1) 发现孩子的“闪光点”，鼓励与批评结合

虽然这个孩子存在很多的不良行为以及生活习惯，但相处下来，我们也能发现他身上也存在很多优点。首先，在参与活动时，他会非常认真积极，所以在活动中，我们也会多鼓励他，也会让他感受到自身的重要性。其次，我发现这孩子还是会听取老师的意见以及建议，也会尊重老师，针对其切实存在的问题，我们会进行严肃的批评教育。针对上课爱讲话的问题，我们也制定了相应的“战略”，让他每次上课的时候，想说话举手示意才能说。一段时间下来，我们也确实发现他在这方面有进步，在自我管理方面这也证明他的可塑性还是极强的。

(2) 多方面引导与多元评价相结合

维果茨基说过：“我们不盯着儿童发展的昨日，就应盯着儿童发展的明天”。因此，作为教师，我们也应实事求是地看问题，并且要看到其可塑造以及可改变的地方，为明天更好的一个他做准备。这不是单方面就能完成的。在与他进行多次交流以及与他的父母谈话过后，我们也尽量从多方面去关注孩子的问题，一步步引导他。同样地，我们也尽量多与其父母反映他的情况，并且也与家长共同商量面对问题时如何以恰当合理的方式去对待，以此改变家长对家庭教育的认识，提升家庭教育的质量，共同促进其改进与发展。另外，班级其他同学也发挥着重要的作用。我们也从通过班级几个具有影响力的同学开始，先引导其去看到这个孩子身上的优点，学着去接纳和宽容，看到他的进步与变化。我们始终相信“一分耕耘，一分收获”，相信在多方共同合作和努力之下，定能对其有正确的指引作用，收获丰硕的果实。

四、干预效果与反思

经过一学期，班里的老师和同学都很明显感受到了他的变化，主要在于上课能安静坐在自己的座位上听课，不随便打扰课堂纪律，活动量和小动作也明显减少了，有效的听课时间也增多了；有什么问题会及时跟老师反映，在宿舍的纪律也明显变好了些，“投诉”他的声音越来越少……他的改进正是我们乐于看到的。而在这整个过程中，我更加深刻地体会到了对中低学段学生激励的重要性，因而针对这样的学生我也知道了切勿操之过急，应循循善诱。同样地，对于存在不良行为习惯的孩子，我们也不能一味关注孩子的不良表现，也应看到孩子的优点和特长，使之一步步意识到自己的不足，透过多元评价和活动参与，意识到自己的进步，最终循序渐进，养成良好的行为和生活习惯，成长为一个高素质的现代人。

教育是一项长期且艰巨的任务，我们不应有丝毫的冲突和懈怠。有一句话说得很好，“教育无他，唯爱与榜样”，我们应相信每个孩子都是可以做出改变的。而在这个过程中，作为教育工作者，我们更应以身作则，为其树立榜样，用爱去教育感化他们。

【知识窗】行为习惯问题表现及干预方法

行为是有机体在各种内外部刺激影响下产生的活动。行为习惯是行为和习惯的总称，习惯是自动化的行为方式，是在一定时间内逐渐养成的，包括思维和情感的内容。习惯满足人的某种需要，所以既可以对个体产生积极作用也可以产生消极作用。良好的行为习惯是促进个体身心健康发展的重要条件，是健全人格形成的基础。

问题行为是指不能遵守公认的正常行为规范，不能正常与人交往和参与学习的行为。这类行为轻者常常影响个体在社会生活中的正常发展，重者影响集体有序发展，扰乱社会秩序，破坏公共安全，甚至有可能构成违法犯罪行为。

行为习惯问题是中学生群体常见问题。在中学阶段，教育的重要目标就是帮助中学生养成良好的行为习惯，以促进中学生个体的健康发展。中学生常见行为习惯问题主要有两类。

（1）品德不良

部分中学生未能建立良好的自我意识，未能树立起正确的世界观、人生观和价值观，缺乏远大的理想，以自我为中心；缺乏责任意识，遇事喜欢逃避推脱责任；自控力差，心理抗压能力差；在不良生活环境的影响下逐渐形成各类思想品德不良的习惯，比如说谎、语言粗俗、作弊、偷窃等问题。说谎是一种虚构或捏造事实的行为，部分中学生用不适当的方式隐瞒部分或全部事实以逃避惩罚或达到自己的某种目的。该行为具有欺骗性，如果不能得到正确对待，会逐渐加剧，并成为青少年个性的组成部分。中学生语言粗俗多是在不良的生活环境下成长而养成的一种不良习惯。该习惯极大地影响个体形象及人际交往，轻者将造成人际交往困难，重者则会被群体排斥孤立。中学生作弊行为指在考试过程中利用不正当途径参试，考核过程中在考核不允许的范围内寻求或者试图寻求答案，与公平、公正原则相悖的行为。偷窃指用不正当的方法或手段获得原本不属于自己的钱财或物品。部分中学生由于自我意识尚未完全形成，分不清楚个人物品的归属性质，不理解什么是自己的，什么是别人的，见到喜欢的东西就想得到，在这一过程中极易形成偷窃行为。

（2）缺乏规则意识行为问题

青春期逆反心理的出现是诱发中学生缺乏规则意识行为问题的内驱力。部分中学生为了展示自己的独特性，故意不遵守学校规则，以此来呈现自己的与众不同，认为守纪律是傻，讲礼貌是呆，于是便出现了故意迟到、扰乱课堂纪律、私带手机等行为。

造成中学生行为习惯问题的原因主要在于中学生个人、社会环境和家庭教育。部分中学生家庭情况复杂，家长教育方式出现偏差，如一味地批评指责或者一味地溺爱纵容，未对孩子进行正确的成长教育；同时中学生个人自我意识发展不完善，对自我认识不清，希望自己能与众不同，得到所有人的积极关注和认可，在这个阶段极易被错误的自我认知所影响，无法抵制外部事物对自己的诱惑。在这些不良心理的驱使下，伴随复杂的社会发展现状，个体难以进行自我的不良信息过滤。在这样一系列条件的催化作用下，中学生个体不良行为习惯问题日益突出。

在中学时期养成良好的行为习惯是个体健康成长和发展的重要保障。为促进中学生更健康发展，我们在面对中学生行为习惯问题时，一定要恰当处理。不少具有行为习惯问题的学生，表面上看似一切都无所谓，但是内心深处也是很痛苦无奈的。因为一些问题行为，经常受到他人的指责和批评，长此以往，个体经常处于一种失败的体验中，他们也很希望能够有人帮助自己从这种感觉中逃离。所以首先，中学生问题行为的形成是多种原因共同作用的结果。当中学生出现行为习惯问题时，作为教师应该认真观察，关注学生该行为习惯的成因，与学生建立良好的沟通关系、师生关系，尊重、信任学生，从而帮助学生及时进行不良行为习惯的矫正。其次，行为习惯问题的产生，家庭教育在其中有着不可忽视的作用。所以当孩子出现行为习惯问题时，必须关注家庭教育。父母是孩子的第一任老师，孩子的很多行为习惯来源于父母的教育，所以应建立良好的家校联系，与父母形成密切沟通，调整家庭关系，修正错误教育观念，发挥父母在个体教育中的榜样作用，促进家庭环境对学生的良性影响。最后，应该加强中学生优秀行为习惯的养成教育，开设相关课程，及时指导中学生的健康发展，促进中学生良好行为习惯的养成，培养中学生优秀的个性心理品质，从根本上减少中学生问题行为的产生。

第四篇 学习障碍案例

1 妈妈，那不是我想要的爱

案例来源：郑俊

一、个人基本情况

张某，男，14 岁，初二在校学生。该生性格较为乐观、开朗，智商正常，但是学习成绩差，不爱学习，上课和自习的时候注意力很不集中，经常发呆走神。学习之外的各方面却很爱表现，老师有点事情需要学生帮忙的时候，他总是一马当先第冲在最前头。但他是粗枝大叶、做事马虎的那种。担任班级劳动委员一职，工作上也时常粗心大意，出现纰漏。他是家中的长子，在他之后，还有个小他 8 岁的弟弟，弟弟脾气刚烈，二人相处不和。由于父母在外工作、爷爷奶奶家族关系复杂，张某 3 岁前是交由外公外婆抚养的。张某从幼儿园开始就习惯性注意力不集中，学习不专注，作业很拖拉。而父母在引导张某学习的时候，采取的方法措施不是很恰当，不仅没能改掉孩子的坏习惯，而且还在一定程度上加大了孩子在心理上的负担，长期积累下来，心理压力越来越大。有时候张某自己会很纠结，心理上的那点事要是跟父母说了吧，怕父母伤心，而且自己内心也会很愧疚，但要是不说，又会压抑自己，结果也很不好。有一天晚自习迟到了，张某红着眼眶、情绪不稳定地回到教室门口，问他情况，他三缄其口，于是作为班主任的我才开始关注他和他的家庭情况。

二、原因分析

(1) 家庭教育

张某从小就缺乏正确的引导和教育，父母文化水平较低，承认自从孩子跟自己生活起就不知道怎么教育他，很多时候采取了强制性措施，较少与孩子在心理上进行沟通，不了解孩子，也不懂得如何做才是对孩子在学习上的正确指导。张某 3 岁才开始接触妈妈，自然想跟妈妈亲近点。从幼儿园开始，他在家学习就不够专注，尽想着跟妈妈聊聊天，想要妈妈陪一下、玩一下。但是张妈妈经常是强制性地要求其完成学习任务后才能玩。说者无意听者有意，张妈妈的语气和表情让张某误会为妈妈只关注我的学习，都不关心我想要什么，甚至是嫌弃我。有一次，张某父母为了让孩子能够在卧室专心学习，编了个谎言说“爸妈已经在卧室里安装了个监控，老师可以随时通过摄像头看到你是否在认真学习。”但是，这不仅没有让孩子专注于学习，反倒让孩子在心理上产生了阴影，总感觉卧室里一直都有一双眼睛监视着自己。张某找遍了整个房间，试图把监控去掉，但都徒劳无功。很长一段时间后，张妈妈告诉他说，那是爸妈骗他的。那时，他内心是崩溃的，到现在，内心还会有阴影，那个监控的镜头还没有从心里“摘掉”。父母在小孩学习注意力不集中的时候，采取了不恰当的引导措施，不仅没有解决问题，而且还产生了更为严重的心理问题。

(2) 求表扬心理

张某还算是一个比较积极向上的孩子，不过他积极的点不在学习上。他试图通过找母亲聊天来得到母亲的关心，也试着为班级、为老师多干点活来得到老师的表扬。但是，当母亲和老师对他的关注点不在他想要的地方的时候，他就会有很大的心理落差，不过他还是会一如既往的通过一些小动作、注意力不集中等方式来得到父母和老师的关注。如果父母和老师的引导方式不对，那么他在学习上的注意力都不会有很大改观。

(3) 自尊心心理

跟张某以及张妈妈谈话，他们都承认的一点，就是不知道怎么和彼此交流。张某反馈，他想要得到关注的地方得不到母亲的关注。母亲问他的时候，他却不愿意说，因为总感觉说出来之后得到的关心是乞讨而来的，很没面子。

于是，放松自己学习、做事注意力不集中，想以此来得到关注、得到关心，但又不说出口。

（4）独立性心理

青春期的孩子，独立性心理特别强，但是他们又缺乏独立的能力。总觉得父母和老师管太多了，会产生逆反心理，“你们让我学习时注意力要集中，我偏不集中”，凡事反着来。但是不管的话，他会放纵自己周末在家玩手机、玩游戏，自制力不强。然后，这是一个恶性循环的过程。

（5）家庭背景

张某3岁前都是跟外公外婆生活的，得不到父母的关心。3岁后开始由父母监护，于是开始想得到父母的关爱。从上幼儿园开始，误解了母亲，觉得母亲对自己是不关心的。8岁的时候，母亲又生下了弟弟，而且母亲对弟弟关爱有加。这时起，张某更加觉得自己从母亲那里得到的那点可怜的爱所剩无几了，排斥弟弟，甚至恨弟弟，跟弟弟的关系从小就不好。他得不到母亲的关心，就破罐子破摔了，学习不上心。

三、干预步骤

（1）关爱和尊重

老师的爱是非常重要的，师爱是一种无私的爱，这种爱可以给予一个孩子改掉坏习惯的勇气和力量。由于张某已经是一个14岁的初二学生，基本已经形成自己的一套是非观和价值观，而且这个年纪的孩子正处于叛逆期，不像年纪较小的孩子那么容易接受意见和矫正行为，方法不恰当很容易造成反向效果。要改正这个长期形成的习惯和观念，必须有一个能让他感受到安全和信服的人才能起到正面的作用。因此，首先，我从言行上关心他，让他感受到老师对他的关怀，得到他的信任。实际上，张某很乐意跟老师敞开心扉，诉说自己的想法，征求我的意见。我知道改变很难，但是至少他愿意去改变。

（2）加强责任教育

我通过与其面谈，教育他要有当担。不管是在学习上还是在和弟弟相处的方式上，都应该要做到责任当担。学习是自己学生阶段的主要任务，要对自己负责。弟弟毕竟比自己小8岁，身为哥哥，要适当地照顾弟弟，担当责任。我对他出现的心理问题表示理解，并试着跟他家长沟通，建议采取有效的针对性交流方式，多点关爱的陪伴，少点冷冰冰的命令，试着让孩子消掉“妈妈不关心我、嫌弃我”的不实观念。

(3) 活动激励

张某作为班级的劳动委员，虽然干活比较粗枝大叶，但是其积极性还是值得肯定的。我适当地表扬他在督促班级值日、班级大扫除等活动中的闪光点，然后给予适当的指导，引导他做得更加专注一点、更加细腻一点。张某还有一技之长，那就是会谈钢琴，我鼓励他积极参与班级音乐会，展现自我。实际上，在肯定他的特长的同时，也在肯定他妈妈在督促他练钢琴上的付出，一方面可以鼓励他更加刻苦地练琴，另一方面还可以加强他对妈妈良苦用心的理解，改善亲子关系。

四、反思

教育是一门学问，特别是家庭教育。孩子的内心是很敏感的，稍不注意，孩子就可能会误解了我们的意思。但不论如何，爱要让孩子感受到，爱和严厉是不相违背的，正所谓“严字当头，爱攻其心”。在教育过程中，父母和老师应该给孩子多一些爱心，多一分信心，多一分耐心和恒心。用爱和正确的方法结合，才能达到我们教育的目的。

2

从“心”开始

案例来源：练宗耀

一、背景介绍

小智，男，15岁，比较自由散漫。父母工作比较忙，虽然对孩子的教育很关注，但是因为缺少方法，也显得无能为力。该生对学习没有兴趣，上课经常发呆，与同学相处，别人稍微触犯他，或课代表收作业时对他言辞稍微严厉，他就会回以辱骂性语言。而且，该生对老师的教育常常报以漠然的态度。

二、原因分析

我经过和他父亲的交谈，侧面了解到他的父亲对他很是重视，但对小智做错事缺乏教育方式方法，常常是一味地责骂，父亲的粗暴造成了他的固执和任性。同时他母亲对该生却很是溺爱。另外，孩子的前任老师多次教育，没有什么效果，对孩子也感到无能为力。家长的批评责骂溺爱，老师的无能为力，更让孩子得寸进尺。

三、干预步骤

孩子所有的外在表现，是其内心的反映，所以，教育要从心开始。

第一，加强与其家庭的联系，说服其家长要尽到做父母的责任，使他摆脱心理困境。让其父母认识到家庭教育的重要性和责任感，使他的父亲掌握一些教育孩子的方式方法。时不时电话联系时，我都要同他交流孩子在学校和在家的表现，交流对孩子的教育方法。多利用好家校联系册，每周在家校联系册上老师与家长双方可以给该生正能量的鼓励评语，起到评价激励的作用。由于家庭与学校共同努力，使孩子的心理发生了微妙的变化，渐渐不再那么倔强。

第二，在师生间、同学间架起爱的桥梁，使他感受到集体的温暖，恢复心理平衡。开始，同学不愿意与他同桌，他对老师的询问也是一问三不答，故意装作不知道的样子。我知道这是防御心理的表现，其实其内心还是渴望得到别人的同情和关心的，他极需要被爱的感觉。他不愿意开口，我也不着急，而是主动与之接近，慢慢缩短心理距离，消除他内心的焦虑和冷漠。慢慢地，他不再那么抵触，也愿意与老师和同学沟通了。

第三，协同各科任老师，在课堂上，多创造一些给他表现的机会。课后，适当给予辅导和学业上的关怀。孩子这种性格的养成，许多不良习惯的形成，其实归根到底是学习成绩差导致的。学习差，父亲责骂；学习差，老师责怪；学习差，自己自暴自弃……所以在课堂上老师们多次为他提供尝试成功的机会，让其体验成功的喜悦和荣誉，增加良性刺激，激发起自信心和上进心，慢慢地使他重新找到了自信。

第四，在班级中，给他一点职务，现担任小组长检查组内同学英语背诵，让他在集体中发挥作用。因为参与了班级管理，他的积极性也充分调动起来了。

四、干预效果评估

虽然该生取得了一定的进步，但是却远没有结束。孩子的不良习惯不是一天养成的，所以要改正也肯定需要漫长的时间，中间还可能出现反复，这需要我们老师更多的爱心、耐心与信心。

3

掌握青春的小舟，勿随大流飘走

案例来源：黄雨惠

一、个案基本情况

何某，女，15 岁，初三（4）班学生，该生性格外向，活泼好动，与同学关系良好，有一个玩得很好的女同学，上下课都是形影不离。能够尊敬老师，遇到老师能主动问好。课堂表现不佳，犯困、小动作、找同桌说话。学习动机不足，厌学。在学习上无精打采，拖拉散漫，丧失对学习的兴趣，不愿上课，不愿动脑筋，不愿做作业，对学习冷漠、畏缩、感到无聊和厌倦；易分心，注意力不集中，不能专心听讲，不能集中思考；兴趣转移快，容易受其他事物的影响，对学习采取应付态度；随大流，在学习上没有明确目标，缺少主动性和创造性；低焦虑，缺少必要的压力，缺乏自信心，没有紧迫感。据了解，该名同学父亲是个体户，文化水平不高，母亲是家庭主妇，父母有时在孩子面前争吵不休。家中有一个弟弟和一个妹妹，现在母亲怀孕。家里经济条件不错，三个小孩人手一部手机。何同学认为父母偏疼家中年纪最小的妹妹，父亲对姐妹俩双标。另外，父亲强迫她进入私立学校读书，做事专断，不听孩子的想法，因此她和父亲已经很久没有平心静气的说过话了。

二、原因分析

① 社会原因。在市场经济大潮的冲击下，社会上出现的脑体倒挂、知识贬值等现象，拜金主义死灰复燃，“读书无用论”再次席卷校园。该同学的父亲文化水平不高，但是家庭条件不错，对子女的物质需求都是有求必应的，因此，该同学也存在读书没有用、分数坏也没有关系的想法。

② 家庭原因。家长望女成凤，期望过高，管教过严，管教手段粗暴简单，使子女产生逆反心理。父母均是没有受过高等教育的人，因此会把目光都集中到孩子身上，让自己的孩子去实现自己的目标。另外家长的管理方式是专政型，在家中往往是“一言堂”，不听取任何声音，孩子的反对一律视作叛逆，

采取了更高压的政策和更强硬的手段，有时会出手打伺同学。

③ 主观原因。目标不明确，对自己要求太松。观念不正确，对于学习的目的和意义认识不清楚。归因不合理、动机不足的同学容易把学习成绩的好坏归因于自己的运气和课程难度，甚至是父母的教育失败等，产生随大流、混日子的心态。

三、干预步骤

(1) 关爱与尊重

作为一名人民教师，不能戴着有色眼镜看待学生，因此，当该名同学在课堂不遵守纪律、做小动作、与同桌讲话、不交作业等情况时，不选择立马发作责骂，而是给她规定一个更长的时间去完成作业。课堂纪律的问题，当面提醒，课下谈话。要给予一个学生该有的尊重，让她感到老师并没有针对她，而是在帮助她，让她在心里先接纳老师，不把老师认定成阶级敌人。

(2) 加强目标教育

学习动机不强，是因为学习缺乏目标，对学习的意义认识不清，所以对其进行目标理想教育，鼓励她勇于畅想未来。该名同学比较懵懂，对自己的未来，对自己的生活没有规划，随大流缺乏自主性。因此老师列举不读书的实例给她听，她可以现在不清楚自己想要什么，但是可以反过来让她确定自己不想要的是什么，进而明确自己的目标，将大目标细化到细处实处，使她明白读书的重要性，让她懂得要为自己负责。

(3) 鼓励与惩罚

我与她谈话增强其自信心并指导她对于各科的学习方法。我耐心倾听她的想法，在父母那边无法说出的话可以在老师这边说出来并得到老师的回应。鼓励她尝试相信自己，突破自己，基础不好也不用怕，从最简单的做起，不同的学科有不同的通用的办法。对于文科的学习，老师课堂讲的是中文，课本上的知识通俗易懂，只要能集中注意力认真听讲，一节课下来能够听懂的东西特别多，所以不存在老师讲的听不懂的说法。严肃地告诉她：逃避解决不了任何问题，能够做到的事情要自己去把握。对于理科的学习，可以做好华附五连环，勤记笔记，不懂就问，多加思考，坚持下去，基本知识一定能够掌握，所以要克服畏难情绪。在种种建议之下是长时间的督促与观察，违反课堂纪律或不交作业时要及时提出批评与惩罚。

(4) 创造良好的学习环境

班级是可以带动一个人上进或偷懒的，所以营造良好的班风、刻苦学习的学风能够让同学们不由自主地开始学习，想偷懒也不好意思。置身于这样良好的学习环境的何同学也能被带动，增强学习动力，提高学习热情。

4

不一样的学霸

案例来源：林鸿德

一、案例基本情况

刘同学，初三年级学生，班级学习委员。

(1) 在校情况及交友情况

刘同学是一名成绩较好的尖子生，基础非常好，思维非常敏捷，潜力非常大，是冲刺全市状元的人才。但刘同学在人际交往方面，经常与一些学习态度不够端正的同学混在一起，三五成群，一起吃饭，一起到班，一起回宿舍，从而导致到班时间较晚，甚至有时候会迟到。在学习上也不够努力，作业偶有拖欠，上课的状态也不够集中，一定程度上导致潜能未能充分发挥出来。

(2) 家庭情况

刘同学的家庭环境较好，家长对其较为重视，一旦有什么问题，例如成绩出现下滑，家长会主动向科任老师了解原因，或者老师向家长反映学生在校的情况，都能得到较好的解决。

二、案例分析

由于班级的班风、学风向来都较差，班级的学困生比较多，而刘同学比较爱表现，人缘关系也比较好，因而结交了不少同学，而结交这些同学中，基本是一些行为习惯较差的学困生，久而久之，自然形成各种不良习惯。

三、辅导方法

(1) 个别谈话

我经常与他进行个别交谈。从第一次交流中，我发现了他的理想高中是考上华附本部，并自信地以为只要考到年级前八名左右，就可以考上华附校本部。而初二学年他的总平均排名是年级第四名，自认为已经达到目标。看到他骄傲自满的样子，我立刻打断他的讲话，并明确告诉他：“你错了，华附校本部在汕尾城区的招生名额只有 2 名，差不多只有状元之才才有机会推荐到校本部。”听完他表情立马转变，并感受到压力。接着我给他指出了目前存在的问题，并且明确告诉他，要想拿到状元，必须改掉身上不好的习惯，把全部心思放在学习上。经过这次谈话，刘同学开始有了转变，明确了学习目标，并行动起来。在随后的学习中，也还出现一些小问题，但只要一出现，我就把他找了过来，给他提提醒。在第一次月考中，刘同学也成功斩获“年级状元”。

第一次月考结束后，拿到状元的他开始骄傲起来，跟同学讲话时，感觉语气都变了，有种盛气凌人的感觉，于是我们展开第二次正式谈话。由于当时年级开始组织年级尖子生培优工作，而刘同学虽有培优资格，却因为培优需要在校长住而选择了放弃。因此，在谈话中，我特别指出，“虽然现在你拿到年级第一名，但是年级已经开始组织了周末培优工作，你本有机会参与，但你却放弃了，相比之下，你少了周末老师指导学习的机会，那你又凭什么能拼得过其他同学呢?”这次的交流打击了他嚣张的气势，让他再次产生了压力，并给他指出了方向。在第二次月考中，刘同学再次成功斩获“年级状元”。

第二次月考结束后，为了避免他再次骄傲起来，我马上进行了第三次正式交流，在这次交流中，我特别指出，“现你已经连续两次拿到年级状元，但最关键一次是中考，如何确保能笑到最后呢?”并给他举了 2017 届我的一名学生周同学的例子，当年周同学连续三次月考成绩都是年级第一名，但她中考成绩是年级第二名。刘同学现在跟她的差距是还差一次状元，拿下这次状元之后，还得思考，如何确保中考能不被反超……

(2) 与家长沟通

通过与家长沟通，及时了解刘同学周末的学习情况，同时，也把一些不良习惯向家长反馈，家校合作，齐抓共管。每周周测成绩公布后，刘同学家长也总会跟我聊上几句，分析刘同学各学科问题以及在校情况反馈。在这样的家校合作下，刘同学没有松懈的机会，学习也慢慢变得自觉起来。

(3) 与科任教师多了解情况

我有目的地与科任教师了解他的学习情况，希望能找到他继续前进的突破点。如通过了解，知道他的语文还存在一定的空间，在学习态度上也仍有改进的空间，需进一步加强对语文学科学习的监督，也让他明白，要想拿到状元，就不能出现偏科的现象。

(4) 培养竞争对手

竞争的关键在于培养竞争对手。要想让刘同学不再骄傲自满，最有效的办法是培养竞争对手。据周测成绩反馈，马同学多次年级排名超越刘同学，因此，马同学就是他最强大的对手。培养好马同学，让他们形成竞争，这就是前进最大的动力，而且马同学的各种行为习惯都是刘同学学习的榜样，对他有较大的影响力。

四、辅导效果

经过以上有策略，刘同学在学习态度上以及行为习惯方面有了较大的转变，同时也取得了一定的成绩，但真正让一名学生转变不能一蹴而就，他也需要时间，他的成长依然在路上……

5

从“混世魔王”到体育公费生

案例来源：陈井文

一、案例当事人基本资料

李某，男，15岁，在校学生。该生性格开朗，待人接物非常具有热情，但该生行为举止较为轻佻，有时情绪化态势较为严重。该生父母在其小的时候就去外地工作，自三四年级起，由其姐姐照顾，进入中学后，周末在其姑姑家寄住，平时与父母接触不多，仅寒暑假与父母在一块，但父母忙于工作，与父母的交流也十分稀少，与兄弟姐妹间的交流也稀薄。父母对孩子的期望仅限于口头上在校不滋生事端、读书尽力就行。但疏于父母的严格，该生在校学习态度不端正，产生厌学情绪。

二、案例问题陈述与分析

该生自进入中学以来，学习成绩不是很理想，在校期间，甚至于出现痞性行为表现，打过架，骂过人，顶撞过老师，是当之无愧的“混世魔王”。但是在与该生的交往与交流过程中发现他是一个善良持重、懂得感恩的人。虽然行动上没有贯彻，但是从他的思想表现知道，孩子本性善良，只是疏于约束，让他情绪轻浮，举止轻漫，出现以上不良现象。学习上，家庭对其要求不具体，口头上含糊不清的目标和希望让其找不到方向，整个状态漫不经心。

三、干预与处理方案

(1) 疏通心理，明辨利害

在与他的交流中，问其与父母在一块的时候的状况，他说了平时要是没事儿，偶尔会和其父亲下象棋，有一次扬头间看见父亲头有白发，自己心里不是滋味儿，想起父亲让自己用功读书，每学期给兄弟姐妹几个的学费那么多。但是又想到自己在校成绩并不理想，当时发奋读书，但是三两天之后就抛之脑后，有时候会想，不读书去父亲那帮忙吧。那次交流让我非常深刻，说明孩子体谅父母，在这样小小年纪能够知道父母的不容易，甚至于萌生一些不成熟的想法，我深为感动。我对他说，能看到父母的不容易，说明你长大了，但是孩子，读书或许是你改变生活的最有效的方式。我列举了我身边朋友及我的例子，试图让他明白，知识会改变命运，所以虽然时下家庭艰苦，但是未来还得靠自己掌舵。

(2) 立足尊重，再图引导

又问及有没有什么人你感到尊重，他说："温老师算不算。"我说，"你说说我听听。"他说，"老师你曾经说一个人一生中可能会有一位老师对你影响巨大，时不时你就会想起他，如果没有他的联系方式，都会想着法儿去了解。"接着他说："我觉得温老师就是这样的一个老师。"我说，"怎么说？因为她教会了你画画？"他说："她让我从一个没特长的人有了特长。"我说："那很重要，很难得，那你一定要记着她的联系方式，因为她也会想起你。"

(3) 尊师重道，约束行为

在谈话后的一天，我特地找了温老师，说起这个事儿，他说前几天收到了李某的一封来信。我说，可以给我看看吗？温老师把信拍照发给了我，摘录如下："每当我拿出手机翻开我以前的画和您教我们画画的照片，我就非常非常想您，您可以说是我在学校、也是在学习生涯里第一位对我这么好的老师。小学我对画画这个东西，可以说是一窍不通，我们小学的美术课都是被体育老师抢去了。同时也谢谢您，把我这个淘气包教成了可以认真坐下来用心去对待一件事的孩子，也谢谢您把我教到初二，在我不断地犯错误时，不知辛苦地改正我、纠正我。温老师，谢谢您！"信看到这里我是高兴的，因为孩子懂得感恩，拥有一颗善良的心。从最初的"魔王混世"现在变得能有所思考、有所拘束，这本身就是一种质的进步。这里边有温老师极大的功劳，因为从目前来看，调皮捣蛋少了，安静时刻多了。但是漫不经心依然存在，学习上缺乏目标驱动！

(4) 点燃目标，用力驱动

进入初三那会儿开始，问他有没有目标，他说有，考上本校高中。问他那对于现在的学习你觉得能考上吗？他说考不上，会努力。我和他仔细分析了学校的录取情况，看得出来他满脸忧虑。

第一次月考后，李同学并没有取得多大进步，反而慢慢地，我发现其丧失了斗志。

一次在和同事聊天中说到本校特长生，忽然想到这个有了特长的学生可能是个苗子，就无意间问了一下他，我感觉到了他的饶有兴趣。于是之后，我就和温老师取得联系，希望她在这方面能够对他进行思想工作，毕竟他的绘画还是相当漂亮的。温老师再次和他交流，交流中他说那次聊完后就下决心要考上学校的美术特长生。周末他也开始在外边学习美术特长生考试的相关科目。在和温老师的交流之后我再次和他沟通，事先得到了温老师结果的我在一边旁敲侧击，希望他能够坚定信念，把文化课成绩也提高上去。我也得到了他的承诺！

第二次月考成绩出来了，他取得了明显的进步。如果继续努力坚持下去，考上学校特长生应该是可以的了！

(5) 尊重目标，砥砺前行

但是月考二后忽然的一天，发生了不一样的事情。温老师收到了李同学不打算考美术特长生的事儿，我紧急叫上他，咨询具体情况。他告诉我他转念一想，想考体育公费生，因为父亲不是很同意他考美术特长生。之后虽然我们也做了家长的工作，但还是决绝的坚持选择了体育。美术特长和体育公费并入眼帘，要知道公费在学校按他的成绩考上去是很难的，因为目前考特长成本生他都还需要下足功夫。

我们没有为难李同学的选择，但是对他的美术爱好我们也做足后续心理辅导，对体育公费生的目标驱动做了进一步的指导和要求。既然现在的最终目标是体育公费，那就只有开足马力，砥砺前行。这一次，也看到了李同学的坚定信念和坚强决心，在日常的观察中，也看到了他的努力，比之前更加用心了。

月考三终于来了，成绩结果也终于来了，这一次他以 79 名的相对进步告诉我们这一段时间的努力总算没有白费。但是离公费生还是有一段距离，仔细分析其成绩，他的成绩主要还是英语、物理相对落后，这两科需要巨大的提高才会有最终的预期结果呈现。接下来，我们的目的是让该生有一个英语、物理的学习动力，并在这两科取得突破，达到其最终目标。

四、干预效果与反思

尽管最终的结果还没有出来，但是从一个“混世魔王”再到美术特长生再到体育公费生目标的转变，可以看出他的目标已经明确，不再漫不经心、漫无目的，而是对待学习态度愈发认真。不管最终的结果如何，学生学习的劲儿已经被拔高，我们的初衷已经达到。现在要做的就是维持现状，鼓足干劲，实现目标。

6

用心浇灌，静待花开

案例来源：王雨莎

一、个案基本情况

谢某某，男，17 岁，就读高二年级理科班。该生幽默乐观，尊重老师，但成绩较差；课堂上能遵守纪律，但注意力不集中，经常昏昏沉沉、无精打采，趴在课桌上，不听讲；学习习惯不好，学习态度不端正。记得有一次要他写互评表时，他自己一个人在上面写了整体差，什么都差的字眼，处于自暴自弃的状态。做事比较拖拉，经常爱在快上课时才去打水，值日劳动也需要班干部催促，但一旦值日时，能仔细认真完成。作业常不完成，但有时会思考理科题目，偶尔会问老师。他个子高，喜欢健身，每天傍晚都会去田径场进行体育运动，跟班里的同学交流较少，经常跟隔壁班调皮的同学在一起玩。该生家庭经济状况比较好，爸妈都是自己开店做生意的，所以平时没有什么时间管教他，对他提出的要求也是尽量满足，平时也没有什么沟通，周末在家经常使用电脑看电影。由于缺乏正确的指引以及必要的监督，孩子的这种行为也成了习惯，学习状态越来越差，没有成就感，因此产生想要放弃学习的想法。作为谢某某的班主任，也是由于他经常迟到、不交作业等行为，才开始密切关注他和他的家庭情况。

二、原因分析

(1) 家庭教育

家庭和学校一样，是孩子成长的主要环境，越来越多的研究表明，除了知识的传授，家庭对孩子各方面的影响都超过学校，而且起决定作用。由于该生的父母做生意，没有什么空余时间关心孩子，并且家长的溺爱导致他学风懒散，缺乏学习动机。家长对孩子过度放任自由，家庭教育缺乏正确引导。

(2) 自卑心理

当遇到学习或自己不擅长的事情时，就不愿尝试，觉得自己不如人。本来经过努力可以达到的目标，也会认为“我不行”而放弃追求。自卑是一种自我否认，对自己没有信心，也是对自己不认同的心理表现。

(3) 侥幸心理

侥幸心理，就是无视事物本身的性质，违背事物发展的本质规律，违反那些为了维护事物发展而制定的规则，希望根据自己的需要或者好恶来行事就能使事物按着自己的愿望发展，直至取得自己希望的结果。该生认定不读书也可以挣钱，所以认为自己不好好读书也不会影响未来的发展。

三、干预步骤

(1) 加强家校联系

一是与家长沟通与协调。通过电话联系和家长到校面谈等多种方式，对家长的教育态度表示理解，同时指出这样的教育方式是对孩子不负责任的表现，要求家庭多关注孩子，多给孩子温暖，共同做好转化工作。二是指导家庭对策，如学习了至少一到两个小时，才能玩半个小时的电脑；了解孩子的想法，多抽空与孩子交流，对孩子的进步给予及时的鼓励。

(2) 给予更多的情感关怀

多一点理解沟通的谈话，抽一点时间，以平等的姿态，多和孩子谈谈心，才能知道他的心里在想什么，才能知道他最担心的是什么。不要盛气凌人地训斥他，多表示一些理解，适当地给一些点拨，才能很好地调控学生的心态。同时多一些宽厚真诚的爱心，不能因不爱学习嫌弃他们，要以一颗真诚宽厚的爱心去教育他们，必能使他们走出暂时的心灵阴影，而步入人生灿烂的阳光地带。

(3) 以鼓励教育为主

老师要善于挖掘学生身上的闪光点，充分发挥其作用。对他学习上的任何进步都给予及时的肯定和表扬，让他尝到成功的喜悦以及意识到自己还是有学习的潜力的。

(4) 指导学习方法，培养学习兴趣

帮助启发学生的自觉、自制，培养其自律的能力，指导制订学习计划，引导他脚踏实地行动起来并养成习惯，帮助他打好基础，逐步培养他的学习兴趣。

四、干预效果和反思

在我与家长的密切配合下，我们努力使小谢生活在关爱之中。通过我与学生长期的交流，学生能慢慢地体会到老师和家长的用心，并开始有所行动。学生课堂上打瞌睡的现象有明显的改善，以前各科作业都是空白的他，现在能从自己最感兴趣的数学科目开始学起，而且偶尔还会来办公室向老师请教问题。对于自己其他的弱项科目，他也不再采取不管不顾的态度，而是会向身边的同学和老师请教学习方法，并且与班级成绩优秀同学的交流也增多了。

厌学心理是一个复杂的社会问题，要帮助学生消除厌学心理，需要家庭和学校之间的相互配合，教育协作方法得当，给孩子多一点宽容，少一点训斥，但当时要正面引导，激发其学习动机，培养学习兴趣，要加强外部条件的刺激，通过端正态度等途径改变他们的不良行为习惯。

7

走出舒适圈

案例来源：杨宇涛

一、个案基本情况

舒睿同学是个看上去活泼开朗、大方勇敢的女孩，但内心多愁善感、心思细腻、耐挫能力较差。在学习上她属于努力型的，初中阶段的成绩不俗，排在班级前列，深受老师、家长、同学们的关注。但进入高中之后，因为班级高手如云，导致她虽然学习非常刻苦，但考试排名在班上依然处于中下水平。相比初中阶段，此时的舒睿同学不再备受大家瞩目。加上高中知识的难度与繁重，舒睿同学心理落差极大，一度陷入崩溃边缘，晚上难以入睡，白天也常常处在焦虑状态，甚至产生了强烈的逃避想法，不想返校读书。并且，虽然情况如此，但该生还是对自己有较高要求，上课认真听讲，专心笔记，考试却手忙脚乱，与自己的期望总是有差距。

二、原因分析

（1）心理因素

该生与班里其他同学年龄相仿，但情感上较为细腻、丰富，在学习和生活上，热衷追求仪式感。在做笔记的时候，追求字迹工整、排版美观，学习上要花很多时间在排版笔记上面。学习上属于努力型的，理科思维不强。

该生自尊心很强，非常在意别人的看法，以至于花很多时间、精力做表面功夫。耐挫能力不强，遇到挫折常会陷入强大的心理压力中，难以自拔。自我调节能力也较差，往往把事情想得很极端，需要其他人的安慰与指导。

（2）社会因素

该生成长背景有点特殊，很小的时候爸妈工作忙，所以一直都由爷爷奶奶抚养。隔代照顾往往无微不至，所以舒睿一直处在“温室”中成长。待进入初中之后，舒睿才回到爸妈身边。爸妈似乎出于“弥补”的心态，对舒睿的照顾也是无微不至，基本上不会让舒睿吃苦或是独立处理困难。虽说如此，父母对舒睿在学习上却有较高的要求。初中知识相对简单，舒睿也学习努力，所以成绩不错，在班里属于学霸，年级里排名也非常靠前。所以说，舒睿在进入高中之前，不论生活还是学习，基本上是一帆风顺。

三、干预步骤

① 通过跟其父母对话，让舒睿父母意识到心理健康的重要性。希望家长能够慢慢学会让孩子自己去解决问题，相信孩子有独立解决问题的能力。

② 通过和学生对话，针对学习方面的压力，我尽量让舒睿同学明确学习是学生的主要任务，明确学习目的、学习方向；但又要重视社会实践和校园文化生活，尽可能做到收放自如；鼓励舒睿同学尽可能学习自己去调节压力，树立正确的考试观、分数观。

③ 不刻意去关注，让舒睿同学慢慢在缺少“光芒”的环境下习以为常，慢慢接受别人比自己更优秀的事实。当该生有做得不好的地方，及时提出批评，让她感受到挫折，接纳挫折。当该生在心理调节方面或是其他方面有改进的时候，也及时给予表扬。

④ 在出成绩的时候，设计“偶遇”场景，不刻意地说出一些“我非常认可、欣赏你的努力”之类的话，适当减轻该生因为排名靠后而产生的焦虑。

四、干预效果评估

总体效果不错，一个学期下来，虽然舒睿考试排名依然在班里靠后，但是心态确实好了很多。她没有再出现期中考试之前不愿返校的情况。更令人欣慰的是，该生在取得良好心态的同时，成绩也有一定的进步。

8

调整心态，笑对挑战

案例来源：叶翠婷

一、个案基本情况

陈某，女生。初中时学习刻苦努力，成绩相对较好。进入高中后，无法适应学习，心理压力十分沉重，上课常走神。由于迟迟不能适应，陈某的心理压力越来越大。渐渐地，她怕听到同学们的讨论，怕听到老师和父母期待的目光，拒绝与人交流，人际交往就像一块巨石压在她的心上，成绩也每况愈下。陈某经常在测验成绩出来之后躲在宿舍里哭，同时变得敏感易怒，与舍友关系紧张。

二、原因分析

陈某心思细腻，容易胡思乱想。由于是长女，父母对她的期望很高。在家庭教育中，父母总会有意无意地强调上重点大学的重要性，同时表达希望她能成为弟弟妹妹的榜样的愿望。陈某认为自己肩负重大责任，这无形中给她造成了心理压力。另外，与初中相比，高中知识难度大，学习强度高，同学之间竞争激烈，一时之间陈某难以适应，出现情绪问题。

三、干预步骤

根据学生的心理，可以分析出她具有很强的自尊心，一心想获得好成绩，因此在遇到挫折后，陷入了较大的心理压力之中。从根本上讲，陈某需要调节自己的心理，从而激发出内在的动力。针对这种情况我做出了以下的措施。

(1) 开展心理健康教育主题班会

为让学生尽早适应高中生活，我精心设计了相应的主题班会课，普及心理学常识。比如说，焦虑状态常表现为持久地出现强烈的担心、烦躁不安的情绪体验，这是一类高中生较常见的情绪问题。通过班会课，我教导学生坦然接受焦虑，积极调整自我，使学生更了解自己，知道解决心理问题困扰时的解脱方法。

(2) 培养学生的交往能力，融洽班集体的关系

对于成长中的中学生来说，人际交往和沟通具有强大的吸引力。良好的班集体氛围有利于满足学生的情感需要，使学生得到健康的发展。我通过宿舍活动、班级活动、年级活动等契机，使学生在交往中建立相互理解、信任、关心的人际关系，在交往中取得进步，克服紧张、恐惧、自卑、孤独、偏见、敌意、猜疑、嫉妒等不良心理倾向。

(3) 心理压力的调适

心理压力的疏导与宣泄对于学生的身心发展很是重要，因此，我主动做他们的知心朋友和引路人，教会他们如何调整心态，减轻压力，面对人生。

面对心理压力，我引导陈某进行心理调适，如①运动，游戏；②向朋友倾诉；③写日记；④谈心；⑤大笑一场；⑥大睡一觉；⑦听音乐；等等。这些活动当中，对陈某最有效果的是运动和日记。我常常陪同陈某打羽毛球、跑步，以周记的形式书面沟通，取得了一定的效果。

(4) 加强家校联系

由于学校是寄宿制，陈某与家长相处时间不长，因此，我及时将陈某的情况反馈给家长。同时，与家长分享一些教育理念和教育案例，结合陈某的情况进行讨论。家长则将陈某周末在家的表现反馈给我，以便我对其进行教育指导。

四、效果

通过一段时间的调整，陈某能正确看待成绩，不再过分患得患失，以一颗平常心来对待学习，成绩越来越好，自信的微笑再次回到了她的脸上。陈某和同学之间的关系也渐入佳境，有了几个知心好友。

五、反思

高中生面临的问题还很多，但心理压力问题是最主要、最突出的问题。我们只有科学地处理好中学生的心理问题，才能解决他们学习中的根本问题、内因问题，才能激发出他们强烈的求知欲和创新欲，才能有助于青春期学生的正常发展，使其真正成为社会有用之才。在我们的日常教学工作中要多鼓励少指责，保护学生的上进心；多指希望少摆困难，保护学生的学习勇气；多个别指导少集体对比，保护后进生的自尊心；多让学生总结少主观评价；多找师长原因少找学生原因，减轻学生心理负担。还应该多角度为学生寻找展示自己才华的机会，使他们在某方面找到自信，树立信心，成长为社会栋梁。

9

爸妈总爱问我的成绩

案例来源：吴华兴

一、个案基本情况

张同学是高二年级学生，入学刚一开始我对这个学生还不太了解，经多次与其谈话以及与家长沟通联系，才对这个体型瘦小、但却内心渴望强大的孩子有了更深入的了解。张同学的各科成绩都不怎么理想，家长多次打电话跟我沟通时说张同学初中成绩还很不错的，不知为何到了高中总是学不好，渐渐地学习上产生了很大的自卑心理。

二、原因分析

(1) 家庭因素

张同学父母在外经商，家庭经济优越，时常没有时间和孩子相处陪伴，张同学父母认为自己文化程度不高，学习的事情只能靠自己解决。张同学父母经常一开口就谈最近学习考试的情况，孩子刚开始可能向父母汇报，但是成绩不太理想时，家长经常用批评的语气进行责备，渐渐地在心理上产生排斥心理，后期导致孩子十分厌倦与父母沟通，除了平时向家里父母要钱，便再也没有什么交流。孩子周末出去打球，常常没有时间观念，家长也缺少必要的干涉，出去得很早，回来得很晚，在家里不能按时完成作业，返校后又很疲倦，家长在这方面很少进行反思，没有意识到只有在学校家庭共同管理下才能促进孩子健康成长，一味批评很容易在孩子心中种下抑郁自卑的种子。

(2) 个人因素

① 学习能力不强。张同学入学以来，成绩不怎么理想，高一上学期期中、期末、高一下学期期中几次大型考试成绩在班级排名都比较靠后。据张同学自己介绍，他在初中时期学习成绩虽不是很优秀，但一直能保持在中等偏上一点的水平，并且对理科的数学、物理科目有很大的兴趣，成绩都比较优秀。但

是，到了高中之后，学起理科来很乏力，经常上课听不懂，课下也有许多疑问都无从下手，因此上到高中，成绩一直很不理想。

② 学习习惯差。从我平常观察的情况以及结合家长反馈给我的信息来分析，张同学的学习习惯很差，并且学习方法欠缺，学习效率不高，这些都是导致成绩不理想的因素。首先，他不注重课前的预习，课前没有熟读课本的定义与解释，导致上课跟不上老师的节奏。其次，上课期间精神不能集中，容易走神。并且，课后未能及时复习，对于不懂的问题，又有些羞于向老师提问，顾及同学、老师面子。然后，执行力差，对于课后的作业不能及时完成，晚自习的学习效率低。

(3) 心理因素

张同学自己认为自己的学习困境是独一无二的，因此当自己在学习上遇到挫折时感到非常沮丧。这种无助的心理找不到倾诉的对象和解决的办法，长此以往，消极的态度逐渐地浸染到日常的常规活动中。比如上晚自习找同学聊天，早上中午回教室迟到等，认为再怎么努力学习、遵守班规也无济于事，心理防线的溃败成为孩子自卑心理形成的诱发因素。

三、干预步骤

(1) 帮助制定详细的学习目标，抓住重点学科，以此来各个击破

由于成绩各科情况都不理想，在制作计划时，张同学认为好像每科都很重要，每科都要花时间，因此犹豫不定，无从下手。经过我的经验以及结合张同学的自身情况分析，现在张同学已经选择理科，因此应该把学习重心放在理科方面，并且他对数学的兴趣较高，因此选定数学作为要攻破的目标，设定每次数学测试的班级排名目标。

(2) 鼓励与肯定，培养良好的学习习惯，克服自卑心理

我不定期地询问他的数学学习情况，督促张同学在晚自习时间预习第二天数学上课内容以及当天数学作业的完成情况，跟他强调关注课本习题，回归课本知识点，不留知识漏洞，及时完成数学作业。让他用自己的双倍甚至多倍之力将数学成绩提高起来，激励他相信能够将很难的数学学好，扫清学习上的思想障碍，建立积极向上、主动自信的学习心态。

(3) 增强家校合作，助力学生成才

张同学家庭条件比较优越，父母经商长期在外，不能监督孩子学习。经过沟通，家长也意识到孩子学习的重要性，及时转变观念，积极与孩子进行谈心，帮助孩子假期在家合理制定时间规划，促使孩子回归到学习的轨道中来。

四、辅导效果

辅导效果整体良好，主要有以下几个方面的进步。

第一，在行为习惯上有很大进步，自习期间基本能够保持安静写作业，执行力和学习效果有一定的改观，学习效率得到提高。

第二，数学科目成绩进步很大，有一次下课，张同学非常高兴地来到办公室跟我说，这次小测的考试成绩在班级里面名列前茅。后来在大型考试中数学科目也达到了班级中等较为偏上的水平，表现出极高的学习兴趣。

第三，在思想上，能够重视学习，也没有出现当初唉声叹气、总是向老师同学抱怨数学难学了。通过大半个学期的指导，一定程度上帮助张同学克服了自卑心理。

五、反思

我的一些思考：与张同学类似的同学，他们都有一些共同的特点，学生能力有待提高，学习方法和学习习惯有不少需要改进的地方，如果不能及时对他们进行学习指导，将导致这些孩子产生严重的自卑心理，对学习兴趣大打折扣，长此以往，也会对后面的教学管理造成干扰。要引导孩子建立学习信心，既要有方法，更要有耐心，各个击破，品尝学习带来的甜头，才能促进学生在知识的海洋中徜徉而不迷失。

10

镜子中的自己是如此弱小

——高三应考心理健康教育案例

案例来源：吴正文

一、基本资料

郑某，男，陆丰市河东镇人，公费生，高三普通班学生。其父母年迈，家庭收入偏低，生活艰难。

进入高三后，郑某总是抓紧每一分钟的时间学习，从教室到寝室两点一线，连适当放松的时间都放弃了。虽然他抱着“考上理想的学府是我唯一的出路”的想法努力学习，但越临近模拟考，他越发现自己出了问题，晚上睡不着觉，上课注意力不能集中，老想睡觉。明明是刚刚做过的事情，却总是反复考虑做过没有，已经学习过的知识，有时也记不起来了，还总担心自己是不是漏掉了什么题，反复思考。

每当模拟考试成绩下滑，就会完全失去正常的学习状态，偶尔会对着学校小树林哭泣咆哮“我为什么这么没用”，早上起床看着镜子都觉得“镜子中的自己是如此弱小”，并叫喊起来……

二、心理剖析

分析后发现，郑某的这些表现的原因一方面是家长、老师对他抱有较高的希望，希望他考上一所重点大学；另一方面，考生对自己也要求过严，自我施压过大，造成了目前的这种考前焦虑状态。因为不懂调整、放松自己，精神一直处于高度紧张状态，影响了睡眠，干扰了人体的生物钟，造成大脑功能失调，以至于出现担心、忧虑、上课注意力不集中、学习不在状态的情况。

三、心理干预

了解郑某的情况以后，作为班主任，我给予了该同学足够的关注和尊重，同时也不露痕迹，在取得了信任以后，开始进行心理干预。

在整整一年的心理干预过程中，我都耐心倾听，细心照料，充分尊重该同学的自尊。在班会课上，有针对性又暗度陈仓地对该同学进行点拨，传播比如“家庭的贫困不应是自己前进的包袱而是动力”“一张一弛，文武之道”等思想的；平时也会制造一些单独相处的机会，来倾听他的声音，了解心理动向。主要从以下七个方面来疏导。

① 正确对待考试成绩。高三阶段模拟考试比较多，多次考试成绩的不理想会使得学生压力持续加大，最后可能会击倒最后的信心。让学生明白，考试的功能是检测自己学习上的薄弱之处，强化之，同时做出反馈，改进学习方法，提升复习效率。不要过于看重成绩，而应该侧重找到成绩不理想的原因。

② 淡化高考。从自我认识上进行减压，以平常心对待高考。高考是一条通往成功的路，但不是唯一的一条路。三百六十行，行行出状元，古今中外没有受过高等教育但也取得成功的事例举不胜举。不能说考不上大学人生就完了。

③ 有合理的目标。自我期望值不要太高，可为自己设定一高一低两个目标，预防焦虑的产生。然后将大目标分解成若干个小目标，再将小目标分解到每一门功课、每一天、每一个小时，认真去做就行了。

④ 劳逸结合。常言道“磨刀不误砍柴工”，注意学习和休息的关系，给自己留出放松调整的时间，科学用脑，学习效率才会提高。

⑤ 学会自我放松。在心理老师的帮助下，学习深呼吸放松和冥想放松等方法，注意自我调整，减轻焦虑状态，轻松上考场。

⑥ 积极自我暗示。比如对着镜子可以给自己多一些正面的东西，比如“今天发型很帅”“今天神清气爽”，睡觉前告诉自己“今天虽然存留一些学习问题，但还是学会的比没搞清楚得多”。

⑦ 学会管控情绪。让学生明白：情绪是人对事物的一种最浮浅、最直观、最不用脑筋的情感反应，应该用理性来管控。当负面情绪到来，因理性对待，有时需要转移目标、学会解脱，有时需要自我升华，将强烈情绪冲动引向积极有益的方向，使之具有建设性的价值和意义。

四、干预效果

郑某虽然最终没考上心中理想的大学，但是成绩也还不错，最后欣然接受，开始大学生涯。在心理层面，他克服了因家庭贫困、成绩不拔尖而形成的自卑，广交朋友，越来越自信阳光。

特别是，郑某学会了用适度放松、合理宣泄、自我暗示等情绪调节方法来管控自己情绪冲动，甚至还能够自我升华，利用情绪，“化落后为力量”“化愤怒为力量”“化羞辱为力量”“化家境贫寒为力量”，这些力量用以克服学习和生活中的困难，走出困境。

康德说：“所谓自由，不是随心所欲，而是自我主宰。”能有效地控制自己的情绪，保持一颗良好平静的心态，就是自我主宰，就是自由。愿所有学子，学会管控自己情绪，在各种压力下依然能做一个自由的人！

11

错误“引导成长”

案例来源：郑涵妮

一、学生基本情况

吴××同学，17岁，从接手该学生以来，他一直缺乏学习的兴趣，上课绝大多数时间都是在睡觉，老师善意提醒反而激起他的反感情绪，不写作业、不参加测试，各种校园活动都借故不参加。他在班级比较要好的同学只有一个，平时基本不和其他同学来往，这也就使得他的性格比较孤僻。高二下学期因为在校学习态度极差被叫家长来学校沟通，他也作出保证会尽力改正，后期睡觉现象确实有所收敛，即使不会写也会交测试卷。但没过多久就被发现携带多种违禁物品进入校园，经过很久的反思、教育、再反思才意识到并坦白承认自己的错误。

二、原因分析

(1) 家庭教育

吴××的父母是做个体经营的，家里有4个孩子，而他是最小的那个。他的父母文化程度不高，一有问题就是和他冷战或者说让我在学校多教育他，从来没有正面和他交流解决问题，时间久了就对他放养，缺乏关爱。比如他生病了校医建议他出去看医生，我在跟他父亲打电话沟通时，他的父亲还没等我说完情况就说他是装的不用管他或者说那就让他自己出去看医生。家人冷淡的态度让我明白他为什么性格这么孤僻。

(2) 不合适的朋友圈

在交代违禁物品归属时他提到了日常交际圈，在周末他告诉父母要去补课，实际拿钱出去后都是去和自己的朋友抽烟、喝酒，甚至整个周末都不回家，周日直接来学校。他的朋友都是没有在读书的社会人，时间久了，不好的社会气自然取代了他原本就在削减的书生气。

(3) 自我否定的心理

他中考成绩500多分，还不错，可是自从升了高中，放在学习上的心思日渐削减，再加上高中课程难度增加了很多，导致他成绩下滑。又因为接触了不良的朋友导致他直接放弃了学习。虽然后来我多次鼓励他从感兴趣的学科一点一点来，但他往往坚持一两天就被惰性打败，久而久之他就完全放弃，凭心情学习。

三、教育步骤

(1) 走进学生心理

我用了将近两周的时间才完全走近他，他有什么事情才愿意跟我沟通，甚至有时候会向我寻求建议。我想他的父母生意忙对他缺乏关心，所以他有什么事情肯定会对父母憋着不说；他的朋友都是社会人，而他的学生烦恼就算说给他们听他们也不能理解，所以我就刻意跟他说话，有时候哪怕只是一句“有没有吃早饭的问候”。时间久了，他感觉到我的善意，愿意把我当朋友对待。

(2) 注重道德教育

他虽然成绩不太好，但是人也不坏，所以我就从手机、睡觉等方面和他达成约定并督促他，最重要的是相信他会这么做。

(3) 创建良好的外在环境

跟他沟通完了之后，他表示愿意努力试试，让我监督，所以在安排座位的时候我会给他周围安排学习成绩还不错的同桌，不会因为成绩不好就放弃他，并且交代老师同学如果他来请教尽可能地帮助他。

四、反思

对于问题学生，我们不能一开始就期待要让他从不学无术变成优秀学生，而是要根据不同情况转变措施，如果在学习方面实在转变不过来，至少在道德方面要教育好。我们教育工作者的工作不是一次就把学生教育好，而是有足够耐心引导学生从犯错中纠正，如果再犯错我们再纠正。

12

还心灵一片蓝天

——心理压力调节与学习案例

案例来源：潘宇

案例一：唐某，男生。小学和初中时候时学习刻苦努力，成绩一直很好。进入高二后，学习依然刻苦努力，但心理压力十分沉重，几乎把所有的时间和精力全部用在了文化学习上。刚开始，他的文化学习取得了较好的成绩。与此同时，也给自己带来了超负荷的心理压力。他怕看到老师和家长期待的目光，一遇到考试就十分紧张，常伴有口干、恶心、呕吐、吃不好、睡不好，有时考试时甚至手指哆嗦、腹泻等。考试就像一块巨石压在他的心上，成绩也每况愈下。

案例二：卓某，进入高二后，虽刻苦有余，成绩却不理想，在班上处于中下游水平。原因是：语文极差。虽然情况如此，但该生对自己提出的要求很高，尤其上语文课时认真听讲，专心笔记，考试时却手忙脚乱，似是而非，与自己的期望值总是差距很大。期中考试情况发生了 180 度大转变，语文测验破天荒地考了 101 分，这给了她极大自信和动力。以后她感觉上语文课很有兴趣，听得也很明白了，慢慢的对语文产生了信心，不怕考语文了，而且还带动了其他科的学习。

上述是一组对比案例，但有着共同的特点：

① 两位学生都有很强的自尊心，他们一心想获得好成绩。

② 两位学生在遇到挫折后，均陷入了强大的心理压力之中，但结果不同。

从根本上，唐某需要调节自己的心理问题，从而激发出内在的动力；而卓某通过一次小小的语文测验这一外界因素激发了内在的信心和功力，获得了学习上的一种成就感，步入了良性循环的发展轨道。

上述两个案例代表了高中绝大多数学生的心理压力问题，而这种心理压力问题往往导致学生走两个极端。所以，把握和调适这种心理压力，并探索出一种科学的对策是班级管理中的重要内容。

一、心理压力的基本状况

① 大部分同学认为自己有心理压力，成绩越好，比例愈高，好多同学用

“好烦，好累”来形容心理压力，显然心理压力已经超负荷。

② 心理压力主要来自学习、人际关系或环境方面。

二、心理压力的对策

针对心理压力的基本状况和产生的主要因素，我们应运用心理科学的理论和方法开展心理教育，切实做好攻“心”的艺术。

(1) 针对学习方面的压力

我们既要让学生明确学习是学生的主要任务，明确学习目的、学习方向；也要重视社会实践和校园文化生活，尽可能减轻负担；要“授人以渔”，培养学生的能力和方法，树立正确的考试观和分数观。

(2) 针对人际关系方面的压力

一方面，要加强人际交往教育，鼓励学生相互沟通，相互信任，自我反省。另一方面，父母与孩子要“和平共处”，在和谐、平等的气氛中进行交流；根据孩子的实际情况，要给予正确的评价和适当的指导；肯定成功的同时，也有失败和挫折。再之，教师要对学生公平、公正、尊重、信任，更要有“让我们一起努力”的思想。

(3) 针对环境方面的压力

一方面，家庭是学生学习的重要场所，父母要洁身自好，为子女营造良好的氛围。另一方面，学校的各项规章制度要尽量体现人性化，要“严而不死，活而不乱”。

(4)“内因起决定作用，外因通过内因起作用”，所以对心理压力的调节和对策，我们还需强调以下方面

① 科学适时地加强心理挫折教育；

② 培养良好的学习习惯和学习方法；

③ 选择合适的心理健康教育方法，重点培养学生的“自信心”。

三、心理压力的调适与教育反思

有意识地制造磨难是必要的，有信心地战胜磨难则是重要的。我们要教给学生科学的方法，不断提高耐挫力，练就顽强的社会适应力。

① 首先要冷静、理智地分析磨难的前因后果，正视现实不回避，运用远大的理想、闪光的名言、逆境成长的事例鼓励自己，增强自信心。想想生活在

安定时期常人的痛苦，怎能与谭嗣同在菜市口面对带血屠刀的民族创痛相提？又怎能与奥斯维辛集中营被残忍撕去人的尊严的痛苦并论？应牢牢记住：艰难困苦，玉汝于成。其次，要掌握正确处置挫折磨难的方法。要情绪稳定，勿慌勿躁，积极改变不良心境，善于总结经验，让摔倒的印迹成为前进的路标，把失败的教训化为成功的动力。

② 让学生学会自我排解。采取不影响他人和社会的方式，将内心的消极情绪发泄出来，然后重新投入学习和生活。比如遇到十分伤心的事，索性大哭一场，将郁闷发泄出来，感觉就会好受一些。

③ 找人倾诉烦恼。有了困惑、痛苦等压力，可以找亲朋好友或同学倾诉，听听别人的见解，通过交流能有效地缓解心理压力。有人说"一个痛苦两人分担，痛苦就减轻了一半"，这话确实有道理。为了给学生提供一个倾诉内心烦恼的空间，我们借鉴其他学校为学生开设"心理倾诉课"的做法，让学生通过各种方式释放心中的烦恼。我们可以利用班会时间设置"心理倾诉课"，在"心理倾诉课"上，通过班主任老师的引导，让学生说出自己心中的烦恼事，无论是同学之间的小纠纷、师生之间的误会以及生活中的各种烦恼事都可以。学生还可以通过在操场里大声叫喊、跑步、跳跃等方式把心里的烦恼发泄出来。

④ 转移消解压力。在一件事情上失败，短期内又无法改变时，可以通过其他活动来弥补不能实现的愿望，或者转移注意力，让压力在其他活动中得到释放。如参加文体娱乐活动，使自己获得愉快的心情，压力就会逐渐消解。

⑤ 不做过分苛求。每个人都有自己的长处和短处，如果要求自己十全十美，甚至以己之短比人之长，必然压力重重。中学生应该建立悦纳自己的健康人生态度，树立适度的奋斗目标，这样更有利于健康。

⑥ 专心致志做事。一个人同时面对多件事情时，容易形成巨大的压力。中学生要学会有计划、有步骤地安排自己的生活、学习，减少不必要的心理负担，集中精力做一件事，以免弄得身心疲惫不堪。同时，能成功冲淡和减缓心中的压力。

其实，高中生面临的问题还很多，但心理压力问题是最主要、最突出的问题。我们只有科学地处理好中学生的心理问题，才能解决他们学习中的根本问题、内因问题，才能激发出他们强烈的求知欲和创新欲，才能有助于青春期学生的正常发育，使其真正成为社会有用之才。

13

我是男生我特殊

案例来源：尚群超

一、背景介绍

小辉，男，17岁，比较自由散漫，不喜欢的课和晚自习喜欢睡觉。该生对学习（语文、数学、英语、政治）没有兴趣，上课经常发呆，生活没有目标，很迷茫，而且该生对老师的教育常常报以漠然的态度。

二、原因分析

经过和他父亲的交谈，侧面了解到，他一贯都是这样。家庭对该生所做的错事缺乏教育方式方法，家庭比较重男轻女；同时他爷爷奶奶对该生却很是溺爱，造成了他的固执和任性。孩子的几位前任老师多次教育，没有什么效果，对孩子也感到无能为力。家长的批评责骂溺爱，老师的无能为力，更让孩子得寸进尺。

三、辅导过程

孩子所有的外在表现，是其内心的反应，所以，教育要从心入手。

第一：加强与其家庭的联系，说服其家长要尽到做父母的职责，使他摆脱心理困境。让其父母认识到家庭教育的重要性和职责感，使他的父亲掌握一些教育孩子的方式方法。两次期中家长会，我都同他父亲交流孩子在学校、在家的表现，交流对孩子的教育方法。由于家庭与学校共同努力，使孩子的心理发生了微妙的变化，渐渐不再那么倔强。

第二：在师生间、同学间架起爱的桥梁，使他感受到群众的温暖，恢复心理平衡。开始，同学不愿意与他玩耍，他对老师的询问也是一问三不答，故意装作不明白的样子。我明白这是他防御心理的表现，其实其内心还是渴望得到别人的同情和关心的，极需要被爱的感觉。他不愿意开口，我也不着急，而是主动与他接近，慢慢缩短心理距离，消除他内心的焦虑和冷漠。慢慢地，他不再那么抵触，也愿意与老师和同学沟通了。

第三：协同各科任老师，在课堂上，多创造一些给他表现的机会，课后，多给他补习。孩子这种性格的养成，许多不良习惯的构成，其实归根到底是生活没有目标导致的。所以在课堂上老师们多次带给他尝试成功的机会，让其体验成功的喜悦和荣誉，增加良性刺激，激发起自信心和上进心。心灵的交往、热情的鼓励，温暖着他那颗冷漠的心，使他重新找到了自信。

第四：在班级中，给他一点职务，让他在群众中发挥作用。因为参与了班级管理，他的积极性也充分调动起来了。

四、辅导后记

虽然学生取得了进步，但是却永没有结束。孩子的不良习惯不是一天养成的，所以要改正也肯定需要漫长的时间，中间还可能出现反复，这需要我们老师更多的爱心、耐心与信心。

14

扶起那颗歪脖子树

——厌学学生转化记

案例来源：朱俊

一、个案的基本情况

刘某言（化名），男，成绩较差，是2018届高三（9）班的一名学生，是班级的场外生。他平时为人较低调，表面上很听话，但内心其实很叛逆。他对学习没有多大兴趣，老师交代的作业也只是马虎完成。总的来讲，他根本没有上进心。我通过对其家长的访问，得知其在家里也很叛逆，对父母有时没有礼貌，说的话当耳边风，很难管教。开学才两周，班里学生就对他产生了很大的意见，原因是他上课喜欢讲话，影响了别人正常的学习和休息。

刘某言的父母由于工作关系，每天忙着在外奔波，对他的管理教育不够，对他的行为只是简单的责备，没有耐心地进行劝导。他们在处理这些问题的方式方法上也存在一定的不足。另外刘某言的爷爷奶奶对其十分溺爱，什么都尽量满足他，让他自小就生活在一种很自我的状态中，对别人的意见表面遵从，其实根本听不进去。

二、主要问题分析

上课效率较差，作业质量很差，叛逆表现在内心，在家庭中“地位”比较高。

三、指导思想及采取的对策

（1）指导思想

老师应该时刻谨记教育家孔子“有教无类”的教育思想，对这些问题学生也应该做到“不抛弃，不放弃”。应该多在他的生活和学习中寻找契机，和他多沟通、多教育、多引导。

(2) 采取的对策

① 从家庭入手，家与学校连成一线。让家长与老师达成共识，对孩子不要过多溺爱。要让孩子学会在生活和学习上独立。父母应尽量抽时间与孩子交流，了解孩子的想法。应该及时与学校老师沟通，第一时间了解孩子在学校的表现，并把孩子在家里的表现及时反馈给老师，进而形成良好的教育氛围。老师也要经常进行家访，及时与家长交换意见。为此，我也跟他的父母做了多次交谈。

② 教育与鼓励并进，提高兴趣。要从小事上教育他。首先和他讲道理，比如父母为了他健康地成长，为了他更好地生活和学习，任劳任怨，让他首先学会尊重父母，尊重他们的劳动，然后慢慢改掉那些很小的毛病。最后在学习上开导他。上课的时候多提问他，一些简单的问题可以使他对学习兴趣大增。另外在课后，作业上对他提点个别的要求，严格督促他完成，并在师生之间建立某种学习的协议，一旦违反就应该接受惩罚等。随着时间的推移，我发现刘某言进步很大，课上他的发言一次比一次好，一些别的同学记不住的东西，他很快就能记牢，然后我在同学面前表扬他的这个优点，让他感觉学习也并不是特别难的事，只要肯下点功夫，定能有收获。另外，刘某言在劳动方面也逐渐勤快起来，我也在同学面前时时表扬他，让他感到劳动也是很快乐的事情。

③ 发挥班集体的力量，帮助他找回自信。集体的力量是无穷的，我注意发挥集体和其他同学的作用，通过同学的关心与爱护，帮助他在集体中找回自信，积极学习。为他营造一个平等友爱的学习环境，让那些学习勤奋的同学有意识地多与他来往，在学习上主动关心帮助他，让他感受集体大家庭的温暖，以便排遣内心的郁闷。

④ 克服懒惰的习惯，学会独立。我告诉他，在学校他是学生，就应该做学生要做的事，比如学习、值日，这些都要自己去完成。每天做完作业后要自己整理书包，把第二天要交的作业、要学习的书和资料带齐。

四、教育效果

在与他多次的谈话后，我发现刘某言的心态和行为都在发生很大的变化。和开学初比较，他进步了很多。虽然在老师眼里可能他还算不上一个真正优秀的学生，但他的进步是很明显的。首先他现在已经不在教室随便吃零食了，在课上也会记笔记。课后的作业也渐渐好起来，抄作业现象基本没有了，有些难题也会去积极思考了。课上的发言也越来越投入，和同学之间的交流也越来越多。2018 年高考刘某言考了 447 分，被北京理工大学珠海学院录取。

五、对个案研究的反思和收获

只有正确认识自己、了解自己，我们才能平静、从容地面对生活。对于刚上初一的学生而言，审视自己，走进自己，正确评价自己，其实并不是一件很容易的事情。而刘某言同学在我的引导和帮助下，逐渐地认识到自己，不断地反思自己，最终打开了自己心灵深处的那扇门——改变自己。

学生的教育，单单依靠班主任的力量是不行的。老师、家长、学生要互相配合，共同努力，形成良好的教育氛围，才能取得好的效果。同时对有问题的学生，不要轻易放弃，要了解其原因，多从心理的角度去分析，并给予真诚的指导和帮助。俗话说："十年树木，百年树人"。人是最难塑造的，对这位学生的教育使我认识到，教育是一项长期而艰巨的任务，不应该有一丝一毫的松懈与疏忽。

15

自信的生命

案例来源：廖文智

一、个案基本情况

刘某，男，16岁。他是一个性格内向沉稳的男生，尊敬师长，待人和善，能遵规守纪，智商正常，很努力学习，但是成绩一般。他是家中的独生子，家庭情况较好，父母比较重视他的成绩，对他也是关爱有加。但是父母文化程度不是很高，不知道如何教育自己的孩子。

随着竞争的日渐激烈，考试对他的心理压力也越来越大。考试如果考得不是很理想，心情会很低落。有些题目应该做对的，在演算过程中算错了，他会很内疚自责。他会觉得“我真笨，这下叫我怎么去见父母呢？我对不起他们，我真没出息……”其实他已经很用功了，为了考出好成绩，平时课外活动都在教室里看书，能用的时间都利用起来。考试这段时间他一口饭也吃不下，晚上也睡不好，常常失眠……

二、原因分析

他是家中的独子，父母寄予的期望很高。在家庭教育中，父母会无意识地强调学习的重要性，让他明确自己肩上的责任，无形中给他造成了心理压力。再加上平时经历的挫折少，抗压能力较弱。

孩子本身很乖，很自觉，能够体会父母的辛苦与用心良苦，所以也明白自己肩上担负的责任。另外，自己本身很努力，但却没有得到预期的收获。还有，进入高中，身边的竞争更大，一时间难以适应。

三、干预步骤

首先探讨考试失败的原因。在我的引导下，他认为最大的原因在于他把考试成绩、名次看得太重，压力太大，导致心理上畏惧考试，害怕失败，而且产生了恐惧心理，也导致他在考试这段时间食欲不振，晚上失眠。

(1) 坦然接受焦虑

适度的心理焦虑，对活动会起到激励作用，从而产生良好的活动效果。在考试中出现适度的焦虑、紧张等不但是很正常、很自然的，而且也是有必要的、有利的。通过这种方法使刘某认识到焦虑并非一无是处，更不是洪水猛兽，只要不是特别严重，绝对不会对考试产生不良影响。

(2) 正确看待考试，重过程轻结果

以一颗平常心看待考试，付出一分努力，不要希望会有五分收获，不要对考试成绩抱有不切实际的过高期望。在考试前，认真制订并执行复习计划，平常要做到锻炼适当、睡眠充足、饮食正常、生活有规律，高效地度过每一天。

(3) 学会自我调节，给自己积极的暗示

让刘某考试前的 3～5 天，用一句话来鼓励自己，如“我有信心考出水平！”“我有能力考出理想成绩！”每晚默念 3 遍。

(4) 帮助刘某找出非理性的想法，再加以分析、驳斥

从自己这次没考好推断出自己真笨、没出息，这是一种以偏概全、以一概十的不合理思维方式。

“我必须成功”是他学习的支撑信念，一旦没有实现，便认为自己全完了，无法面对父母，这是一种典型的绝对化信念。人的一生是不可能一帆风顺的，现代社会的竞争如此激烈，要想成功就必须付出努力，并且对挫折甚至失败做好充分的心理准备，只有这样失败了才能重新爬起来奋斗。

“我没有出息，我对不起父母”，一旦有了这种想法，我建议他多鼓励自己，多从积极乐观的角度看问题。

四、效果

通过一段时间的调整，自信的微笑再次回到了他的脸上。

五、反思

在我们的日常教学工作中要多鼓励少指责，保护学生的上进心；多指希望少摆困难，保护学生的学习勇气；多个别指导少集体对比，保护后进生的自尊心；多让学生总结少主观评价；多找师长原因少找学生原因，减轻学生心理负担。还应该多角度为学生寻找展示自己才华的机会，使他们在某方面找到自信，树立信心。

此外，还应与家长进行沟通形成教育合力，使我们的学生能够健康快乐的成长。

【知识窗】中学生学习问题表现及干预方式

学习是人类和其他动物最重要的一种活动，也是有机体适应环境的一个必要条件。个体通过学习来促进自身的成长，促进智力发育。这里所说的中学生学习行为是指中学生通过阅读、听讲、研究、观察、理解、探索、实验、实践等手段获得知识、技能或认知的过程。

中学生常见学习问题主要是在学习过程中因学习动机不足、学习压力大、学习疲劳等情况造成的学习困难情况。具体表现为课堂注意力不集中、扰乱课堂纪律、厌学、考试焦虑等。

学习动机是指激发与维持学生的学习行为，并使之指向一定学业目标的一种动力倾向或内部心理状态，它主要包括学习需要和学习期待，简单而言就是因为什么而学习和学习是否可以满足预期。学习动机直接影响了中学生的学习行为，学习动机不足的学生会出现不愿意上课、不愿意动脑思考、课堂注意力不集中、不完成作业、上课分心、对学习冷漠、学习效率低下、独立学习能力差等情况。

学习压力指学生在学习过程中认为外界环境对自己的要求越过了自身的应对能力时所产生的一种焦虑、紧张的情绪。适度的学习压力有助于在自己力所能及的范围内不断努力提升自己，但是压力过度就会让个体感觉对目前面对的压力无能为力，从而让学生身心疲惫，呈现出心不在焉、记忆力减退、反应迟钝、精神涣散等情况。

学习疲劳指学生由于长时间进行学习，在生理和心理方面产生了倦怠，致使学习效率下降的状况，严重者表现为极强的厌学情绪。学习疲劳可分为心理疲劳和生理疲劳。心理疲劳主要体现为思维反应速度下降、注意力涣散、记忆力减退、情绪躁动、忧郁、厌烦、学习效率下降等。生理疲劳主要指肌肉和神经系统的疲劳。表现为肌肉受力过久或持续重复伸缩造成肌肉痉挛、麻木、乏力、手足发冷、动作失调、眼球胀疼、视力减退、食欲不振、面色苍白、头晕、腰酸背痛、失眠等。

导致学习问题的主要原因在于中学生个人、家庭、学校和社会。

个人方面，青春期阶段的中学生个体正处于成长发育期，这个阶段的孩子自我控制能力普遍较弱，易受到外界事物的干扰，分散自己的注意力；同时中学生个体对学习的经验不足，大部分学生尚不能靠自己找到适合自己的高效学习方法，多采用死记硬背的方法；时间管理意识淡薄，缺乏合理的学习计划，不重视学习的基本步骤；对自己的个人目前学习情况没有客观正确的认识，对自己能力认识不足，无法制定符合自己实际情况的合理学习目标。

家庭方面，很多中学生家庭缺乏尊重知识、热爱学习、积极进取的氛围。虽然经常告诫学生好好学习，但是过分片面地强调学生对于成绩的追求，未能对学生进行正确的学习动机培养，当学生成绩不如意时，多以指责和批评的方式对其进行“教育”，从而造成长期的挫败体验，进而会让中学生失去对学习的期待，失去对自己的信心，认为无力改变现状，从而不愿学习，产生厌学情绪。

学校方面，学校的学习氛围、教学条件、教师、课程管理方法等都对学生的学习起着不可忽视的作用。过分强调升学率或因学生成绩区别对待学生都会对学生的学习积极性造成巨大影响。

社会方面，随着现代社会发达的媒体科技发展带来了大量关于读书无用的舆论，这样的社会舆论对学生正确认识学习的意义、培养积极的学习动机极为不利。

应对中学生学习问题，需要全面考虑。首先应该关注中学生学习动机的培养，帮助中学生培养良好的学习兴趣。建立起学校与家庭之间的良好联系，了解学生学习问题产生的原因，与其家庭成员形成良好的合作关系，正确评价学生，从而为学生营造良好的学习环境，促进中学生学习动机的形成。其次，及时关注学生的学习压力。面对具有学习问题的学生时，及时与之沟通，关注其学习方法，必要时可对表现出学习问题的学生群体进行辅导，如组织有关学习方法、学习计划的主题班会，有关学习压力调节的主题活动，以此来帮助学生高效学习、合理解压。当学生产生学习疲劳的情况时可以引导学生采用一些专业的方法进行身心放松。比如采用系统脱敏法消除厌学情绪，采用放松技术缓解身体不适感等。最后，良好的师生关系是帮助学生调节学习问题的前提，一视同仁，尊重每一位学生，理解、支持、信任并鼓励学生进行自我探索，自我调节，从而实现促进学生身心健康成长才是最终目的。

第五篇

人际关系案例

1

不愿意吃苦的青春

案例来源：刘佳惠

一、案例当事人基本资料

彭某，男，14岁，某中学初二学生。该生家庭经济条件较好，有一个弟弟。不喜欢参加集体户外活动，独立能力差，且对时间和精力的分配不合理，经常注意力不集中，看起来无所事事很迷茫的样子，因此学习也受很大的影响。学习成绩很差，上课没有用心学，学习态度不够端正，学习习惯差，已经出现了转学、留级等想法，认为自己目前学习成绩太差，出现了不自信和厌学等情绪，经常想各种办法使家长和老师同意让其回家。在学校里，他对老师比较尊敬，也很有礼貌，有时也很懂事。但是深入接触后，发现他并不是表面看起来的那般听话，性格很敏感，较为孤僻，有时候很固执，在与同学和老师的交谈中言语不当，不考虑他人的感受，一味地任性，以自我为中心，希望别人顺着他的心意。因此在班级里，他的朋友也很少，经常不受班上同学的欢迎，所以课间的时候经常找邻班的小学同学玩。

二、案例问题陈述

作为班主任，我认为他的主要问题表现在以下几个方面。

(1) 性格孤僻，与同学相处不好，且不愿意参加团体户外活动

在举办学校运动会时，该生不仅没有报名任何一项运动项目，还对班级名誉毫不在意，根本不想为班级的运动员加油呐喊，并且运动会刚举办不久就以头晕的名义请假回家了，当家长有意让他参加集体活动时，他却十分坚持，无奈之下，只好同意其请假回家。在学期末时，曾向家长和老师提出走读，在学校规章制度不允许和家长不赞同的情况下，他还是坚持要每天找老师写假条自己回家，其原因是他认为在学校睡得不舒服，所以，在这段时间里晚自习十次左右都不在班上学习。据了解，班上同学觉得他的品行和性格不太好，且行为举止奇怪，成绩也不好，所以大部分同学都不大愿意跟他一起玩。

(2) 性格敏感极端，且正处青春期叛逆期，容易出现不耐烦等情绪

在与其家长的一次交谈中，我了解到，该生曾因与父母出现矛盾而离家出走。在多次跟家长的交谈中，发现该生在家表现不太好，对家长的唠叨和关心表示许多的不耐烦情绪，在出现矛盾时会发生冲突，所以家长对他说话也是小心翼翼。在一次班级歌手大赛的竞选中，他与一名女生进入班级最后的竞选阶段，他很想被选上，可最后在班委的决定下还是被淘汰了，于是班主任决定让班上同学一起投票。一方面他认为对方是女生想表现自己的大度，一方面他知道自己在班上的人缘不太好即使投票也很难选上，但是他又心有不甘。虽然班主任当日多次开导可是他还是不能打开心结，闷闷不说话，放学之后通过手机联系班主任宣泄自己的不满，言语极端，说话很冲，认为老师不公平，所以在言语上也有点不尊重老师。

三、案例问题分析

(1) 家庭原因

由于家庭经济条件较好，从小比较受家里人的宠爱，生活得比较安逸，被亲人照顾得很好，没有吃过什么苦，所以平时在校他的生活自理能力较差，不愿意参加集体户外活动，动手能力和实践能力差。

(2) 性格原因

性格比较孤僻，自尊心强，情绪极不稳定，敏感固执，以自我为中心，自控能力差。有时比较任性，喜欢逃避责任，懒惰，性格较极端，所以与同学相处不太好，因为成绩差也产生了自卑等心理。

（3）青春叛逆期

由于该生正值青春期，使得该生的性格更加叛逆，感情丰富敏感，但极不稳定，自尊心很强，已经出现了与同龄人进行物质上的攀比和格外注重自己的外貌打扮等现象。在家时的叛逆现象比在校更加严重，在家与父母出现矛盾时会激烈争吵，在校则通过无声的反抗和脸色来表达自己的不满。

四、干预与处理方案

（1）正面疏导，加强沟通

跟学生进行正面地引导，让学生明白是非，该做什么做什么。针对转学和厌学的念头，我跟他分析即使转学不仅校园环境没有现在好，并且还是要承担压力和学业任务，并且现在国家不允许降级，现在才进入初二上学期，还有一半多的时间，我劝导他现在还来得及，初一的内容比较简单，现在只需要每天进步一点把初二的内容补起来就会有所进步。针对歌手竞赛一事，我说出了他好的一面，夸他懂事的一面，他的心理有所慰藉，得到了老师的一些肯定，心里好受些，并在班上表现得更好些。

（2）关爱和激励

班主任和家长通过多次地谈话，让学生获得一定的关注和关爱，并且对他进行激励式教育。由于该生性格比较敏感，情绪不稳定，所以不宜采取比较激进的方式，否则会出现适得其反的效果，关心和引导的方法更加适合。

（3）家校联系

班主任通过微信和电话与该生家长多次进行沟通和交流，了解该生在校和在家的表现，关注其情绪变化和心理变化，出现问题及时反映和沟通，从而使得该生能够正常地学习和生活。

五、干预效果与反思

在班主任和家长多次干预之后该生基本能保障较为正常地学习和生活，但一段时间后也会出现反复，不是特别稳定，仍需要长期地引导和鼓励。在教育学生的过程中，我们应该根据学生的性格特点采取正确的方式，多一些耐心和爱心，教育是一个长期和反复的过程，教师要学会静待花开！

2

爱情，你给不起，更要不起！

案例来源：廖文球

一、基本资料及主要问题陈述

黎某某，女，14岁。该生性格比较内向，情绪波动有点大，思想比较极端。学习态度不够积极，成绩也不理想，学习会受到情绪的波动影响而变化。平时生活比较单一，好朋友不多，不愿意与人分享自己的喜怒哀乐，但酷爱看小说和漫画书。

受一些青春偶像剧和言情小说的影响，少数中学生中出现了男女生交往过密的现象。进入初二不久，就发现她不太爱与本班同学交往，在同学中了解后得知她主动写信给本班级的一位男生，信中多处可见诸如“我想你”“我爱你”之类的词，主动表达了爱慕之意。

二、案例问题分析

(1) 家庭教育

她是家中独生子女，父母平时工作比较忙，平时接触孩子的机会不多，出于对孩子的愧疚心理，导致对孩子比较溺爱，包容她的一切并极力满足她的要求。由于表面上她比较独立和主见，因此父母缺乏男女生交往过密方面的引导和正面教育。

(2) 人际关系

该同学入学以来性格相对比较内向，话语不多，与班级同学交流沟通比较少，在老师面前也沉默寡言、不善言辞，在公共场合以及学校的文娱活动中都不太合群，导致她在班级没有特别要好的同学，交心的朋友也没有，从而不能有效地排解心中的苦闷。

三、干预方案

她或许是出于模仿觉得好玩，或许是崇拜偶像，或许是作为一种精神寄托，实质上是生理和心理发展的青春期反应，应看作正常现象。但不加以正确的引导，任其自由发展，有可能使学生轻则影响学习，重则走上歧途。针对这种现象，我觉得应从心理疏导入手，帮助学生正确分析、认识男女生交往过密的本质及其影响，让学生学会正确对待，摆脱困惑，“斩断情丝”，重新振作起来，集中精力投入到紧张的学习生活中去。

(1) 建立良好的咨询关系

① 学生自述：“老师，有一次，我看见一位穿着黑风衣的男生，会跳街舞、说唱，觉得他十分英俊，十分潇洒，深深地吸引了我。我真的很喜欢他。正因为这样，我才主动写信给他。只要哪天没见到他，我心里就好像少了点什么似的。”

② 教师分析：这是一种在学生中很常见的现象。因为他们正处于青春期，精力充沛，喜欢接触并理解新鲜事物，但对事物的观察和辨别并不全面，虽没有任何越轨行为，但长此以往，势必会影响学习。因此，教师要耐心细致地加以正确引导。切忌恶语相加，讽刺挖苦，大张声势地加以批判。这样，容易使学生造成恐惧心理，或者造成逆反心理，效果适得其反。从世界观、人生观加以分析，淡化这种男女生交往过密现象，使学生正确应对，健康充实地度过青春期。

(2) 正面疏导

你因为此事分心，学习上受影响，成绩明显下降，这是一个事实，但作为一名学生，最主要的任务是学习。

① 爱慕之心，人皆有之。你觉得那位男生长得不错，跳舞好，唱歌好听，很吸引你，这是一种正常的心理反应（先肯定她的心理反应，这样以此作为谈话的开头，学生听了，也易于理解，比较容易敞开心扉）。

② 作为一名中学生，你年龄还小，正处于长身体、长知识的黄金时期，我们应珍惜和牢牢把握这一段完美时光，让自己在学业、心理、生理等方面健康成长，为将来打好坚实的基础。每一时期有他特定的任务，一去不复返。就像你此刻不可能再回到幼儿时期，去过那种天真烂漫的生活，长大成人后也不可能再回到此刻的花季年代。我们如果此刻就预演以后要经历的事，那多没新鲜感啊。

③ 你的审美观不契合你的年龄，与你的身份也不相称。世间完美的东西很多，你不可能一一拥有。就像时髦的礼服、华贵的婚纱，你不可能穿着它们来上学一样。现阶段，以中学生的身份你应把那种用心进取、品德高尚作为一种审美观。因此，你的这种现象是不契合你的年龄与身份的，是一种盲目的崇拜，发展下去必然影响学业，甚至毁了自己的完美前途。

④ 爱情，对于中学生，就像是一件太过昂贵的奢侈品，给不起，也要不起。我对爱的理解就是，爱一定要促进彼此的成长，要让彼此比想象的更优秀。不是因为的高考，也不是因为中国人太多，竞争太激烈。其实大家应该感谢高考，给你一个自我成长、自我证明的机会。从小到大，很多大事你说了不算，但从高考开始，你的人生真的开始由你做主。大学是什么？我的理解，大学就是给你一个安全的地方，让你再慢慢长大，让你用四年的时间认清你到底想要的是什么，你要成为一个什么样的人，走什么样的路。不同的大学会带你走不同的人生之路，看得到的是找工作的难易，看不到的是文化的熏陶，价值观的引领，人生轨迹的确立。想想你的初中、小学同学，一定有了你感觉奋力追赶也很难追上的人，也一定有拼尽全力也追不上你的人，大学，会将这种差距变成人生质的差别。你是一个优秀的学生，一定要考上一个好高中、好大学，将来做一位出色的、能为国家做出贡献的人。

四、干预效果

学生的反映：黎某某同学很好地理解了老师的建议，全身心地投入学习，在同学中又出现了她独立、上进的身影。

五、反思

正确处理学生男女生交往过密问题，要注意以下几点。

(1) 调查分析

对于学生男女生交往过密问题不能随便下结论，也不必大惊小怪，更不能粗暴对待，甚至不能在大庭广众之下议论，而是通过调查弄清原因，然后根据不同状况，对症下药。

(2) 真诚感化

对学生要真诚对待，以理服人，让他们明白老师是在关心他、爱护他，让学生敞开心扉，以达到真正理解老师教育的目的。

(3) 引导鼓励

老师与学生的谈话，语言上要中肯，切中要害，既不危言耸听，又不轻描淡写；态度上要和蔼，让他们明白你是在真心帮忙他；技巧上要先扬后抑，然后对他们提出好的建议及期望，使学生认识到只要改正缺点、错误，前途还是很光明的；最后用“激励性”的教育模式鼓励他们的学习自觉性和上进心，让他们树立远大志向，追求更高尚的目标。

3

花季女孩不迷路

案例来源：周爱聪

一、学生基本情况

小霏是一名十三岁的女孩子，身材高挑，个人形象较好，且多才多艺，擅长绘画，平时性格挺大方，待人接物也挺有礼貌。父母在其七八岁左右离异，她跟着父亲生活。父亲工作较为忙碌，对孩子的管理较为松散，且由于家庭条件较宽裕，平时对孩子的生活方面限制较少，基本上是有求必应。

二、具体表现

① 存在着与高年级同学男女交往过密的行为。

② 由于生活注意力向男女交往过密行为转移，生活与学习上都非常懒散。

三、案例分析

① 由于家庭父母的问题，导致孩子在最需要关爱的年纪里有一定的残缺，对孩子的整个青春生长过程造成了一定的影响，以致孩子对于“爱”的渴求度较高，容易产生男女交往过密的行为。

② 父母忙于工作，从小对于孩子的管理就较为松散，以致孩子对自我的要求不高，以及自我发展的目标不明确，在学习上松散，生活态度方面随意。

③ 女孩的本质是不错的，平时待人接物有礼貌，且对于自己喜爱的东西十分执着，并且要求高。从出黑板报就可以看出她其实也是一个可以将事情做到至善至美的人，只是缺乏一个兴趣，缺乏一个契机。

④ 父母的教育是孩子成长中不可缺少的一方面，父母对于她的忽视或者不在意，都会让这个女孩在爱的渴求中丧失自己，可能会做出一系列的行为来引起父母的关注，必须及时对女孩及其受教育的环境有一个整体的营造。

四、采取的措施

① 与她交朋友，经常给予关爱，使她感受到老师没有抛弃她，而是在不断地关注着她的成长，关心着她的生活，满足她被爱的需求。

② 多次与她针对男女交往过密行为产生原因、目前对两人的影响以及后续的可能进行沟通。

③ 注意同位转移法，当生活中有事可以做的时候，注意力也就没有那么容易偏移，鼓励其在美术上取得的成就，同等引导她设想拥有同等注意力在学习上会是怎样的表现。人的心理都有择优的趋势，从而激起她对未来的信心。

④ 与家长联系，交换教育孩子方法，使家长建立教育孩子的正确理念和方法。一旦发现孩子在青春期存在着男女交往过密的行为，家长一定要和老师取得联系，针对孩子的情况互相反馈，家校合力教育，才能让其健康幸福地成长。

五、干预效果

经过不断地努力，小霏终于对自己目前出现的问题有了较为深刻的认知，主动且坚定地中断男女交往过密行为，同时对于未来自己的定位有了一定的目标，积极认真地投入到学习生活中。

六、教育反思

花季女孩对于爱情的懵懂、憧憬到最后种种行为的产生，其实反映出来的就是每一个问题学生的背后都是残缺的家庭教育。青春期的孩子渴望被爱，亲情是其成长过程中影响最大的，往往容易产生男女交往过密行为的孩子，她的家庭很有可能是不完整或者是父母对于孩子成长精神过程的疏忽。我们在平时的教学中一定要对问题儿童有更多的关爱、呵护，不能训斥、指责、一棒子打死，要抓住孩子问题背后的心理原因，对症下药。孩子如果不犯错也就不会称之为孩子了。相信只有我们认真对待每一个学生，认真关心每一个孩子，才能让每一个孩子的青春更有价值，才能让花季少女的青春散发迷人馨香！

4

用真情换取真情，以心灵唤醒心灵

案例来源：陈静吟

一、案例介绍

小钟是我校初二年级的学生，这位女同学个性特点非常特殊。在班级里，她与同学们的关系不太融洽，有时甚至很紧张。初一时在开学初曾与一男同学打架，对班主任的批评教育反应强烈，思想上难以疏通，情绪上抵触。有一次晚自修课上，她戴耳机听音乐，被班干部提醒并记下名字，她当众撕掉记录本并辱骂班干部。班级里其他同学基本上对她敬而远之，不与她发生正面冲突。表面上她与同学们的相处相安无事，实际上她特别渴望别人对她的认同和欣赏。但是她又把自己封闭起来，不能真诚地与人交流，时时以自我为中心，所以在班级里她没有真正要好的朋友。在仪容仪表上，她不符合学校的规定而连累班级经常被扣分。在学习上，她几乎丧失了所有的兴趣。老师上课时，她表现出爱理不理的样子，有时连课本都不愿打开，甚至有时自己自顾自地写东西、做小动作、看小说等。该完成的作业，她有时凭心情，心情好时就做，心情不好时就不做。正如她在日记中记录的那样：课根本就听不进去，整天在混日子，学的好不如嫁的好，反正女孩子到时找个人嫁了就算了。寄宿学校像座监狱把人关在里面，而她需要自由。所以她满纸地写上一个字：烦。她的特点是：自我封闭，不求上进，情绪不稳，容易偏激，对学习不感兴趣。又出现了男女生交往过密的现象，开始曾与高年级一男生来往密切，后与同年级另一男生来往密切，甚至下晚自习后两个人跑到六楼漆黑的天台……

二、原因分析

对小钟通过请家长来校了解情况，并和科任老师、本班及外班同学了解情况后，对该学生做了全面的分析，我认为主要原因有以下几个方面。

(1) 家庭原因

她现在所表现的种种问题，与她生活成长的家庭背景有很大的关系。小钟是独生女，家长极其宠溺，甚至包庇孩子一起违反学校的规章制度。小钟性格很霸道，更不在乎别人的看法，非常自我。而且家长对小钟没有提出要求，只要小钟开心就行。在其七八岁时，由于她是独生女，家长就为其单独买了电脑并帮她下载了电脑游戏。最关键的是，在她与电脑为伍的过程中，没有家长去陪，虚拟的世界有精彩也有垃圾。当她的性格慢慢发生变化时，她的家长反而把她的不足归结为学校教育，小学二年级时也曾经发生过家长掀翻老师桌子的事件，这更加助长了她的任性，从而错过了习惯形成的最佳时机。

当她的身边没了朋友，当生活中没有了支点，便没有了做人的上进心，更谈不上把心思集中在学习上来。所以小钟的纪律意识淡薄，学习上更是无心向学。

(2) 自我因素

自控力不够强，意志也不坚定，做事凭主观。在面对失败时通常采取躲避和消极应对的方式，如表面上无所谓的样子，而内心却十分在意，但没有行动付出；或是通过其他的方式——写日记、看小说等逃避。心理有一种极度需要被关爱的需求（因为从小的特立独行使得她被其他同学孤立起来，长期以来的不合群、不被认可使得她渴望得到别人的认同与赞赏），特别是一种能够给她强大依靠的力量，因此她自己常表现出那种爱打抱不平的性格。如班级里的同学和外班同学有摩擦时，她不分青红皂白挺身而出。在自觉或不自觉中，她把自己扮演成了一个可以保护别人的强者。对别人的一切成绩不屑一顾，而在自我的行为习惯上我行我素，自以为是。

(3) 其他因素

在逃避现实过程中，看了大量的课外书籍，而这些书大多思想低俗，以离奇或鬼怪的故事情节吸引读者，或挑逗小钟青春期的敏感神经，她沉浸在虚拟世界中无法自拔，也让她丧失前进的动力。她的日记中有一段这样的话语：9岁上网网游，10岁加入非主流，11岁加入杀马特，12岁来到这个学校——颓废。她从那些垃圾书中不能汲取有益的知识，陶冶自身的情操。也就是说：在她正确的人生观未形成之前，反而催生了她一些稀奇古怪的思想。小钟曾经这样对别人说过，读书有什么好，还不如到时找个男人嫁了就好了。别人问他："嫁给谁呢?"小钟说："男人大把，嫁给谁不行啊?"

三、辅导方法

(1) 第一阶段辅导：理解、信任——以心换心

我全面做完对小钟有关情况的调查分析，觉得她还是可塑之才。首先小钟还是比较聪明的，并且还有一定的经济头脑。比如，每一年的学校义卖上，小钟进的货都是抢手货，初一网购的荧光棒，50元的成本卖了492元，初二网购了港货零食，一个人的销售额超过全班销售总额。初一曾经参加了学校运动会的1500米的比赛，虽然没有取得比赛成绩，但是，在途中摔倒的情况之下，她硬是忍痛坚持跑到了终点。在我眼里，对于小钟这样的孩子来说，这些优点就如同金子般的珍贵，这也是我转化她的有力支点。为了转化她，我开始有意识地接近她，而在我走近她的同时，她的反应不再像以前一样冷淡，她也流露出希望和我走得更近一点的愿望。她的每一个进步我都不会放过，我都会及时给予表扬与鼓励，而她因为自控力不足所表现出的小错误我装着看不见。同时，我动员班级中品学兼优的同学主动与她靠近，用正能量为她形成一个包围圈。就这样，小钟的性格悄悄地发生着改变，原来比较封闭的心灵也在慢慢打开。小钟说：在跟老师的接触中，慢慢感受到老师对她的关心，从不歧视她。

我的观点是：让学生切切实实地信任老师，消除学生对老师所抱的戒心，缩小师生间的心理距离，从而使学生乐意接受教师的观点、态度，可以大大提高辅导的成效。把学生当作“自己人”来看待，而不是管教的对象，时刻注意“自己人”效应的运用。在对待小钟的教育中，多次这样的谈心，她渐渐对我产生了信任和好感。正因为这种信任。她慢慢向我打开了自己的心扉。使我的话对她有了积极的促进作用。在尊重她的个性、理解她的处境下，跟她谈理想和生活，谈即将面临的中考，并且经常关注其学习成绩及生活情况、与同学的交往等。在与她谈话的过程中，尽量不以一个师者身份，而是以一个热爱生活、热爱大自然、珍惜我们自己的一个健康快乐的人同她进行平等地交流。我推荐优秀文章让她读，如美国盲人作家海伦所写的《假如给我三天光明》等，帮助她唤起对生命的热爱，点燃她对生活的热情。

(2) 第二阶段辅导：帮助克服惰性——明确学习动机

她头脑聪明，接受能力强，如果把精力集中到学习上来，是可以取得优异成绩的。但她随意性强，对学习不感兴趣，尤其是听不懂的时候，更是放任自己，甚至干脆不学。因为她对理想前途认识模糊，加上怕吃苦，所以对学习无法集中精力。我从帮助她树立正确的学习目的和改进教学方法入手，激发她的学习兴趣。我把《送给安德烈的信》中妈妈龙应台对孩子说读书的目的这段话写给她读：“孩子，我要求你读书用功，不是因为我要你与别人比成绩，而是，我希望你将来会拥有选择的权利，选择有意义、有时间的工作，而不是被迫谋生。当你的工作在你生活中有意义，你就有成就感。”我告诉她：“我知道读书很辛苦，老师也是过来人，但人生在世没有容易的事，学习不易，生活不易，工作也不易。你可以看到老师们都废寝忘食，加班加点，为什么？因为我们不恨自己的工作，我们爱自己的工作，这是一份工作，也是我们的全部事业，背后撑起的是一个个幸福的家庭。对于学习也一样，放下懒散与青春的杂念，当你懂得了学习的意义，当你懂得了爱，当你懂得了责任，这点苦就不再是苦，就算苦，也能够苦中作乐。孩子，老师希望你可以早日悟透，也希望你早日取得成绩上的进步。"

与此同时，我也联合我们班的教育团队，鼓励她多问问题，一起帮她解决学习上存在的困难。同时引导她制定阶段性的切实可行的小目标，帮助她树立责任心，监督她认真抓落实，当她取得进步时，给予及时的表扬与鼓励。

(3) 第三阶段辅导：学会与同学和睦相处

在我的治学理念中，"家"是一个核心的教育元素，我所带的每一届学生，都秉承一个基本的教育理念："喜迎大家各方来，相聚班级一家亲"，我会引导我的学生互相关爱，相互包容。我要求我的班干部树立榜样意识，拥有包容思想。正是因为有这样的班级氛围，才会为小钟第三阶段的辅导创造了必不可少的前提条件。我引导班干部放下偏见，走近小钟，关注小钟，帮助小钟重塑形象，同时也引导小钟慢慢认识以往错误行为的危害性。所有的正能量汇聚成一股强大的力量，原来僵化的同学关系复活了，小钟的性格渐渐开朗，与同学们的相处也越来越融洽，对以往错误的认识也越来越深刻，并出现了幡然悔悟、强烈改正错误的欲望，积极主动地参与辅导并配合。为了巩固辅导成果，我又引导小钟学会欣赏他人：让她每天发现本班一位同学的优点、长处，并记下来，改变她总以挑剔的眼光审视别人的习惯，慢慢消除她的嫉妒心理。每过1～2周后，我把她表扬过的同学叫到一起，让他们知道小钟赞扬他们，从而使他们对小钟有好感，小钟的知心朋友也越来越多了。

(4) 第四阶段辅导：抓住机遇，因势利导——正常开展男女生交往

对小钟的男女生交往过密，我并没有采用暴力限制方法加以制止。我首先告诉她："这是青春期孩子都会面临的问题。"我引导她了解爱情中的责任与担当。我先采取了故意忽略策略，就是对他俩的恋情不去强化，静观其变，随机应变。当然，我会把男女交往过密的危害说得很客观并且容易理解，最终的效果还真很不错。想想看，如果老师觉察他们的恋爱行为时，马上视为洪水猛兽，一味地控制和禁止，或采取监视、搜查、恐吓等简单、粗暴的做法，只会引起负面效果。通过小钟的转化，我切实理解到：只有在适当的时机，将问题铺开，晓之以理，动之以情，她们才能树立正确的恋爱观。

四、辅导效果

通过辅导，小钟逐渐改变了她的一些偏执的想法，也认识到自己很多不足之处。与同学的相处不再像以前那样紧张，慢慢身边有了可以谈心的朋友，在老师和朋友的帮助下，也慢慢淡化跟男生交往过密的行为。在上课时，也不像开始那样完全不听，学会了自我克制。尽管有反复，但小钟还是会努力提醒自己遵守纪律，会在桌上贴上小纸条提醒自己认真听课；课后还经常找老师请教不懂的问题。仪容仪表方面，更是有了很大的进步，能主动剪头发，符合学校的规定。在学校规定的不带违禁物品方面，也能克制自己。学习成绩也是突飞猛进。

5

迷途的鸽子，总会找到回家的路

案例来源：卓娜

一、个案基本情况

邹某，男，17岁，进入高中后第一次离开父母，参加寄宿生活。该生是家中独子，家庭条件相对优越，从小备受家长的宠爱，缺乏与兄弟姐妹、外界的接触。本身性格比较孤僻，缺少热情的个性倾向，因此在入学初期，该学生的适应能力较差，缺少劳动自觉性。在人际交往中，诸如座位、卫生值日等日常生活小事中都容易与同学发生矛盾。他的学习态度不错，经常请教老师，学习成绩在班级排名靠前。但由于缺乏与人协同合作的精神，缺乏集体意识，经常都是被动参与班级集体活动，久而久之，形成了与同学间的某些隔膜和屏障，在一定程度上阻碍了他结交朋友和适应校园生活。这个问题，在上学期文理分科之后，在新班级里面尤其明显。有一段时间，邹某与同学关系尤其紧张，跟同桌曾经也发生过摩擦。

二、原因分析

（1）家庭教育

虽然邹某的父母自认为没有给孩子许多压力，但身为家中独子的邹某还是觉得自己是带着父辈的期望，会想要成为人中龙凤，有些争强好胜，这样给自己造成一定的心理压力。他在父母都需要上班的环境中长大，缺乏亲人之间的沟通和陪伴。进入高中以来，虽有着较强的交往欲望，但在真正进行人际交往的时候，由于缺乏交往技能，容易引起自己对人际交往的不适应。

（2）猜疑心理

经过一段时间的了解，我发现邹某有一定程度上的猜忌心理，往往爱用不信任的眼光去审视对方和看待外界事物，每每看到别人议论什么，就认为人家是在讲自己的坏话。这样一个容易猜忌别人的人，往往捕风捉影，节外生枝，其结果只能是自寻烦恼。

(3) 排他心理

已有的知识、经验以及思维方式等，需要不断地更新，否则就会失去活力，甚至产生负效应。排他心理恰好应了这一点，它表现为抱残守缺，拒绝拓展思维，促使学生只在自我封闭的狭小空间内兜圈子。由于初次长时间地与他人相处、生活，而邹某的固有思维让他无法转变以前在家那种与人相处的模式和状态。

(4) 冷漠心理

一定程度上，邹某对与自己无关的人和事一概冷漠对待，甚至错误地认为自己“尖刻”的言语是和同学之间相处的一种亲近方式，致使别人不愿接近自己，从而失去了更多的朋友。在日常学习生活中，同学之间的意见相斥、发生口角、产生摩擦都是可能发生的事情。此时，他们要学会多角度地看待问题，其中站在他人角度审视自己，判断自己是否属于上述类型，然后决定孰对孰错，尤其可以使冲突得到解决。

三、干预步骤

(1) 优化班级环境，营造良好的交往氛围

我组织学生布置教室，完善图书角并安置一些绿色植物，让学生们以积极心态融入新集体，适应新环境，消除恐惧，树立与老师、同学建立友好关系的信心，让自己能在一个和谐、稳定的环境中生活、学习。

(2) 积极组织活动，消除学生交往障碍

丰富多彩的活动给同学之间沟通创造了更多机会。在学生人际交往中，同伴交往是最需要的。我抓住学校举行多项活动的机会，在班级内部也开展了很多有助于建立良好同伴关系的活动。如利用不同的班会主题让学生们参与其中，分享自己的想法；利用运动会有效地促进学生之间感情，尤其是布置邹某的任务。由于他没有参加任何项目，作为观众，我组织包括他在内的男生们（非运动员）搬运桌椅，做到人人都有任务，人人都能为班级出一份力，让大家看到彼此的责任心。

(3) 注重师生交流，深入谈话

亲其师，信其道。针对邹某的问题，我不间断地表达我对他的关注和关爱，以便与他深入交流，了解问题的实际，并帮他分析原因。这里我主要引导邹某合理对待得失，让他阐述自己的优缺点，强调每人都有长处和短处，教育邹某相信他人，悦纳他人。

(4) 加强家校联系，促进教育效果

我注重家校联系，经常与家长联系，了解学生在家的表现及家长的教育方式，同时，也与家长一起合理教育孩子。在与家长沟通的过程中，我发现邹某的心智确实没有像一般高中生那样成熟，会计较一些小问题，并且容易放大。家长也知道自己小孩的性格，在家庭教育这块也尽力配合老师，引导孩子思想要慢慢成熟，并能客观看待问题。

四、干预效果与反思

经过一段时间的跟进，我发现邹某的人际交往能力在改善，他会接受同学的请教，并细心解答，有更多同学愿意与他一起参与活动。

世界卫生组织对人的健康所下的定义是："不仅没躯体的残缺与疾病，还要有完整的心理、生理状态以及社会适应能力。"人的健康不仅是指生理的还包括心理上的健康，要达到身心健康。身为一线的教育者，我们不仅要关注学生身心健康，也要为其健康发展出力，尽自己最大的力量帮助迷途的孩子们找到自己的归属。

6

男生向左，女生向右

案例来源：刘姗

一、个案基本情况

A同学是一个学习认真、对NBA有着浓厚兴趣的、从外校考入华附的公费生，在班级担任学习委员，学习成绩突出。一次调座位时，机缘巧合之下我安排他与同是外校进入华附、性格活泼开朗但学习成绩不是十分优秀的女生B坐同桌。当时的想法是A可以帮助B提高学习成绩。大约过了两个星期，每次我点B同学起来回答问题，总有稀奇古怪的声音响起“让A帮你，A十分愿意英雄救美的”“女生要学会服软，你问A，让他告诉你呀”。我隐约明白话里的含义，在下次换座位时，将A和B分开并距离较远，给他换了一个男同桌。还没开始换就听见他嘟囔“我想跟以前的同桌坐”。在此之前每次小测，A都能排到班级前五名，自此小测直线下降，最差的一次竟排到班级28名。一日，A的妈妈在微信上说A回去跟父母聊天的时候说他想去班里一个叫陆丰的女孩家里玩，感觉自己好像对她有奇妙的感觉，A妈妈的话让我更加确定A近期学习成绩的下降与青春期懵懂的感情有直接关系。

二、原因分析

A同学的行为是因为心理发育以及客观环境等影响、青春期的萌芽而对异性产生特殊的情绪体验，有意识地爱慕异性，这种男女交往过密现象是青少年发育过程中的一种生理、心理的需要。陷入恋爱关系的青少年，十分敏感。由于男女交往过密带有幼稚性、盲目性、朦胧性和幻想性，加上青少年自控能力较差，往往容易沉浸其中，影响学习。

三、干预步骤

(1) 个别会谈

我经常与A同学进行轻松谈心。一般从关心A同学的生活入手，真诚赞美他的优点和长处。我也会主动谈自己的经历，以朋友的身份答应他谈话内容绝对保密，让他放心。这样A同学逐渐敞开心扉，主动讲出自己的烦恼：家长对他的期望很高，以前学校的老师同学也不理解他，他们总认为高中是一个很重要的阶段，应该把重心放在学习上。我在了解他的内心世界和心理状况后，和他一起认真分析，并找出问题的根源，定出计划，重新认识自己，改变自己，努力把精力投入到学习上，并发挥其英语特长，让他担任班级英语科代表。

(2) 争取家庭积极配合

我与家长交谈时，首先肯定A同学的特长、优点，使交谈从愉悦开始。在谈及A的一些行为时，避免用“早恋”等名称，启发诱导家长，要尊重孩子，理解孩子，要以知心朋友的姿态与孩子沟通，只有这样，才能赢得孩子的信任，更好地了解孩子的内心世界。同时，在尊重、理解孩子的基础上，关注孩子的学习生活，使孩子感到家的温暖，帮助孩子解除青春期的迷惘。家长表示在尊重孩子自尊心的基础上与教师配合，帮助孩子早日走出男女交往过密误区。后来，家长经常与教师保持联系，互相沟通了解A同学的表现。

(3) 利用班会进行心理辅导

进行正确的人生观、价值观、恋爱观教育，树立远大理想，找好自己人生的坐标。启发引导A同学正确对待认识自己的行为，教育女生要懂得自尊、自强、自爱、自立，男生要懂得尊重女性。让学生知道，男女交往过密固然不妥，但一旦发生男女交往过密行为，也并非是做了什么坏事。一个人爱别人和被爱都是一种非常幸福的事情。只是处在青春期的中学生，由于生理和心理尚不成熟，正处于求学时期，不具备处理恋爱、婚姻的条件。如果一个人真的爱另一个人，应该努力完善自己，努力使自己成就一番事业，为对方创造各种通向幸福的条件，抓住自己青春期记忆力好、易于接受新事物这一大好时期好好学习，培养创造能力，为将来走向社会、成就大业打好基础。同时，还教学生如何与异性交往，保持一定距离，相互帮助，共同进步。学会保护自己，学会对自己负责，对别人负责，从而避免进入情感误区。

四、干预效果

通过以尊重、理解、关爱、引导等方法进行辅导以及家长的积极配合，A同学的思想意识有了很大改变，认识到男女交往过密的害处，能端正自我，减少了与女生的个别来往，各方面有了很大进步，在学校的各项比赛活动中他取得了很好的成绩，学业上也取得了很大收获。

五、反思

学生有问题要及时解决，即使是比较敏感的问题，只要学生愿意跟你说，就一定有切入点可以解决。要多关注学生的心理状态，不要在问题已经严重了再去解决。另外，干预过程中要注意方式方法，不要贸然切题，以免不仅不能打入学生内心，反而引起学生戒备。

7

润物细无声，温暖浸心田

案例来源：梁玉洁

一、个案基本情况

李某，男，18岁，高三某学生。该生性格内向，很少和同学交流，也不热衷集体活动。学习上自暴自弃，经常在课堂睡觉，成绩差，没有上进心，对未来时而无所谓，时而充满忧虑。看人与物往往只看到消极面，反复无常。该生在家里排第二，有一个姐姐和妹妹。姐姐性格叛逆，据说初一便有男女交往过密、打架喝酒等不良行为，后来更是初中没毕业便辍学，给其带来极大负面影响。其父母为普通劳动者，小时候家里非常拮据，租房子居住，因房租问题经常搬来搬去，有一次更是在三更半夜因房东家突发情况被赶走，留下极大心理阴影。现在父母以卖海鲜为生，生活条件逐渐好转。可是父母更为忙碌，对子女的关注便越来越少，工作的压力让他们和子女的交流慢慢变得以责备为主。

二、原因分析

美国心理学家马斯洛把人的需要分为五个层次，层次依次递增。满足了基本的生理需要，人也需要爱和归属的需要。该生从小缺乏父母的关爱以及兄弟姐妹间的友爱，成长过程中爱的缺失让其不懂得表达爱，压抑自己的情绪。父母文化程度不高，长大后以为对他好就是唠叨与责备，殊不知这最后击垮了他的自信心，完全陷入自卑情绪，最终形成了敏感、自卑的性格。

他觉得自我意愿被忽视。初三毕业，该学生选择了自己想去的学校，然而父母把自己的意愿强加于孩子身上，该生只能被动接受。新的环境让本来就心不甘情不愿的他更加泄气，消极情绪没得到即使排解，慢慢转移到学习上，开始消极对抗一切，学习越来越差，到高三已经处于最后的后进生行列。

三、干预措施与效果

该生表现孤僻、自卑、敏感多疑，属于典型抑郁质类的学生。对此类学生，教师要多给予关怀和帮助，避免在公开场合指责他们。要鼓励他们勇敢前进，培养他们自尊、自信等个性品质，防止继续向多疑、孤独等消极品质发展。因此，在了解该生基本情况后，我开始采取相关措施最大程度帮助他健康度过高三。首先是倾听与开导。我作为倾听者引导他说出了心中的恐惧并给予最大程度的支持与鼓励，李某也在第一次倾诉过程中留下了压抑的泪水。其次是关注与鼓励。随后在平常学习中，我随时关注他的动态，课堂上也时常提问，让他感受到老师对他的重视，慢慢地，他竟然主动找我问问题了。最后是家校合作。家庭是孩子的港湾，冷漠的亲子关系只能培养冷漠的孩子。在听了学生的心声后，我作为班主任第一时间联系了其家长，就他的心理情况进行详细沟通并达成了一致意见，家长也要努力改善教育方式，让他感受到家长的信任与支持。

一系列工作后，李某主动找我进行第二次倾诉，再次讲述他目前的困惑及痛苦，并表达愿意改变的决心。如今，李某正努力重新投入到学习中，学习积极性较之前进步极大。他再次找到我说，希望老师可以随时监督他，让他继续前进。

8

一颗心敲动了另一颗心

案例来源：莫玉芳

一、情况介绍

马某，男，17岁，比较自由散漫。父亲工作比较忙，虽然对孩子的教育很关注，但是因为缺少方法，也显得无能为力。他对学习没有兴趣，上课发呆睡觉，作业上交情况不是很好。与同学相处不太好，他的性格比较软弱却有点敏感、易怒。他对老师的教育会听，但不会真正接受。

二、原因分析

家庭原因所占比例较大，他的父亲工作很忙，对他不太管教。回家时对他所做的错事缺乏教育方式方法，两人通常以争吵结尾。同时他母亲对他却很是溺爱，一切都由着他来。加之其受教育程度不高，对孩子的教育更是没有合适的方法。父亲的粗暴造成了他的固执和任性，母亲的溺爱让他更加自我和自私。另外，学生的前任老师多次教育，没有什么效果，对学生也感到无能为力。家长的批评责骂溺爱，老师的无能为力，更让孩子得寸进尺。

三、辅导过程

学生所有的外在表现，是其内心的反应，所以，教育要从心入手。

第一：加强与其家庭的联系，说服其家长要尽到做父母的职责，使他摆脱心理困境。让其父母认识到家庭教育的重要性和职责感，使他的父亲掌握一些教育孩子的方式方法。通过家长会和微信等方式同他交流孩子在学校和在家的表现，交流对孩子的教育方法。由于家庭与学校共同努力，使孩子的心理发生了微妙的变化，渐渐不再那么倔强。

第二：在师生间、同学间架起沟通的桥梁。开始，同学不愿意与他交往，但是他却是渴望和其他同学交往，其内心还是渴望得到别人的同情和关心的，极需要被爱的感觉。他和两个同学关系比较紧张，导致全班对他或多或少会有一些隔阂。针对这一情况，在班级里寻找几个性格比较好的学生与他交往。慢慢地，他不再那么抵触，也愿意与老师和同学沟通了。

第三：协同各科任老师，在课堂上，多创造一些给他表现的机会。课后，多给他补习。孩子这种性格的养成，许多不良习惯的构成，其实归根到底是学习成绩差导致的。学习差，父亲责骂，学习差，老师责怪，学习差，自己自暴自弃……所以在课堂上老师们多次带给他尝试成功的机会，让其体验成功的喜悦和荣誉，增加良性刺激，激发起自信心和上进心。

四、教育成果

经过一个学期的教育，该生在学期后半阶段情况有一定的改观。主动在课后时间补充遗落的知识，学习主动性大大增强。和同学相处也比较平稳，真正融入集体当中。

五、教育后记

虽然学生取得了一定的进步，但是却永没有结束。孩子的不良习惯不是一天养成的，所以要改正也肯定需要漫长的时间，中间还可能出现反复，这需要我们老师更多的爱心、耐心与信心。

9

两面人

——做好子女和父母的沟通工作

案例来源：蔡紫金

一、个案基本情况

张某，男，17岁，某校学生。该生在校期间表现优异，各方面表现良好。成绩优秀，在文科重点班中名列前茅；积极参与学校和班级的各项活动，无论是运动会、爱绿护绿、打扫卫生，还是器乐大赛、艺术节等活动，都能看到他的身影；兴趣爱好广泛，擅长吉他、二胡，喜欢种植花花草草，会舞蹈和绘画；在班级深受同学们的喜欢，与同学们相处友好；懂得尊重师长，对老师特别有礼貌，无论是之前的班主任还是现在的科任老师对他的评价都比较高。可以说，该生是一位德智体美劳全面发展的优秀学生。

父母都是老师，具有较高的文化素养，家庭条件中等。从平时的电话联系中，父母给我的感觉都有一定的涵养，比较客气。但据前班主任反映，与他父亲的沟通中，感觉出父亲比较强势，说话不是很客气。

二、问题陈述

作为一个优秀的学生，对他在校期间的各种表现都特别满意。但是，他父母却给我反馈了张某在家的表现并不好。

据他母亲描述，张某在家脾气暴躁，与他沟通时经常会发生吵架的情况，出现摔门的情况；对父母不礼貌，觉得他看不起父母，觉得父母的文化、素养不高；只考虑自身，较为自私，为了养殖自己的花花草草，把阳台都占用了，无法晾晒衣服；花钱大手大脚，在家期间经常外出就餐，不够勤俭。

今年一月初，张某因为生病请假外出就医，原本与父亲沟通好后由父亲接送。后因父亲工作原因，无法接送，让他自行外出就医。后续母亲与他电话联系产生矛盾，母亲提出让他回家吃饭，已经做好准备。而他则不愿意回家，自行去看医生，并且拒绝接听母亲的电话。

次日与学生沟通，学生则反映母亲讲话语气不好，一开始就用责骂的语气，导致他不愿意接听母亲的电话。

三、原因分析

为什么一个在校表现特别优异的学生，在家里的表现父母这么不满意呢？这样的反差是如何造成的。我分析原因如下。

(1) 家庭原因

通过学生反馈的信息，张某的父母在沟通上就存在问题，他们在对话的时候脾气就不是很好。孩子性格好不好，决定性影响的就是家长关系是否和谐，这一关系会潜移默化地影响孩子的成长。如果父母关系不和谐，没有做到互相尊重对方，子女也会模仿这样的相处方式，孩子长大到一定程度，也会用同样的方式对待父母。

(2) 沟通方式不当

由于不和谐的家庭氛围，导致父母双方、父母与子女的沟通出现了问题。当问题出现后，并不断地累积，导致问题越来越严重，双方的对抗性越来越强，无法达到有效的沟通。即使双方都意识到自身问题的存在，但是一旦谈到问题，就容易控制不住情绪，导致沟通失败。应当采用更加合适的沟通方式，避免无效沟通，激化矛盾。

(3) 观念差异

由于成长环境的不同，父亲与子女的观念存在着一定的差异。由于父辈的经济条件相比较而言较差，而给予新一代的经济条件较好，他们在金钱观、消费观上都有很大的不同。这些观念的不同，导致双方对对方的所作所为都无法理解，冲突自然就出现了。

(4) 青春期逆反心理

随着青春期的到来，成长起来的新一代有了自己独立的思考，他们更希望自己安排自己的生活，不希望父母过多的干涉。另外，与小时候把父母当作神来看待不同，青春期的子女对父母的认知有了翻天覆地的变化，他们开始否定、反感父母的所作所为。

四、干预措施

弄清楚问题出现的成因以后，就可以根据原因采取针对性的措施。这一问题涉及父母与子女两个方面，就必须针对这两方面采取相应的措施。

（1）针对张某

① 建立良好的咨询关系。肯定：肯定张某在学校的各种优异表现，拉近师生的距离。与张某近一年的相处中，本人也获得张某的认可，因此在沟通起来比较顺畅。通过交谈，了解他与父母冲突形成的原因、经过，了解事情的来龙去脉。

② 正面疏导。在了解事情的来龙去脉以后，与他一起分析造成问题的原因，对他进行开导。作为即将成年的独立个体，要正视家庭的矛盾，自己也要学会控制自己的情绪。正确看待两代人生活观、消费观的不同，理解差异，尊重个性。同时，也要反思自己身上存在的问题，理解父母的苦心。

③ 改变沟通方式。鉴于过往的失败沟通经验，我建议张某采用书信的方式与父母开诚布公地对话，把自己对父母的看法和自己的想法用文字表达出来，避免言语的过激和情绪的失控导致沟通失败。

（2）针对张某父母

通过分析问题的成因后，我与张某的父母做了深入地沟通。同样是肯定张某在校的优异表现，同时告知我得出的问题的原因。希望张某父母能够构建和谐的夫妻关系，避免对孩子的干扰；正视青春期子女心理变化，理解孩子的心理变化；用更加开放的心态接纳孩子的差异。最后，要求张某父母也改变沟通的方式，积极回应张某写的书信，跟张某开诚布公地交流。

五、干预效果与反思

通过一段时间的干预，张某与父母的关系不再恶化，沟通方面更加顺畅，双方都能用比较温和、克制的语言进行沟通。当然，张某与父母的问题是多年形成的，不可能短时间能完全解决。双方在生活习惯、思维方式上也无法做到完全一致，矛盾与冲突还是不可避免的。

针对此类情况，需要及早发现并进行干预，把问题扼杀在前期，这样解决起问题来才会事半功倍。从这个案例也可以看出来，除了教师要掌握一定的心理学知识，其实父母也是非常有必要掌握的，才能更好地与子女进行沟通，更好地教育子女。

10

情绪

——无法控制的心魔

案例来源：谢俊宇

一、案例介绍

(1) 基本情况

莫同学是我班的一位男同学，父亲母亲均为小学教师，父亲平时比较忙，与莫同学的交流不太多，对莫同学要求比较高，性格也比较急，平时的教育问题主要是莫同学妈妈负责。莫同学妈妈比较宠爱他。莫同学高一高二成绩比较好，基础比较扎实，性格外向，是班级的体育委员，钢笔字和粉笔字都很拿手，经常为班级出黑板报贡献自己的力量。在班级有一个很要好的男同学，几乎形影不离。

(2) 情况简介

在班级有一位女同学（以下用杨同学代称）高二期间和他同桌，关系比较要好，交往过多。在高二升高三暑假期间，莫同学与杨同学均认为，升高三后要专注于学习，要正确处理彼此的关系。莫同学由于上高三后学习压力过大以及无法接受杨同学与他保持一定距离，导致情绪偶有失控。莫同学在平常是一个追求上进、努力学习的同学，与其他同学关系也很融洽，但是莫同学会偶尔做出一些过激行为，控制不住自己的情绪，与老师的交流中也总是表达相同的一些内容。如：认为别人会笑自己；自己跟不上别人，没有进步；为自己过去做的事后悔；怎么样才能快点提高成绩，好像自己没什么目标。在学校情绪失控后回家休息一二天后又很快恢复正常，但是好像只能维持一个周左右，又会出现再次失控。主要表现有情绪低落时会离开教室去外面待着哭泣或在班级一直找杨同学讲话，基本上是重复某些话。由于以前坐在该女生边上讲话有过激行为，被教育后现在改为站在过道或蹲在过道上讲话，对杨同学及其他同学的学习会造成影响。

二、案例分析

莫同学从小成长环境比较单纯，由于父母均为老师，从小在学校受到的关注较多，并且其平时教育均是母亲负责，比较缺少男子汉气概，不能接受挫折。当高三学习压力加大后，莫同学又面对以前关系亲近的女同学与他保持一定距离的事情，特别是该女同学表现更强势一些，使莫同学心理受到一定的打击。而莫同学没有选择勇敢地去面对，冷静地处理男女交往，而是想通过一些极端的手段让杨同学继续关注他，在老师知道情况后又担心受到父亲或老师的责罚，从而采取逃避的方式面对。

三、干预步骤

（1）正面引导

本人多次与莫同学交流，从多个角度引导莫同学，高三阶段最重要的是学习，其他事情可以暂时搁置，不要影响自己，更不能影响到其他同学的学习。

（2）心理教师交流

由于多次与莫同学及其父母配合教育后，莫同学情况并没有好转，并且还出现了失眠的状况，于是让学校心理教师方婷老师与莫同学交谈、开导，情况有所好转，但是持续不了几天，又会出现情绪失控状况。

（3）学校介入

一方面由于莫同学情绪失控时有发生，另一方面莫同学多次纠缠杨同学，让杨同学的情绪也受到很大影响。本来高三学习压力很大，又摊上这样的事，而多次求助了老师也得不到帮助，杨同学的情绪也越来越低落；并且莫同学每次去和杨同学讲话时，杨同学不理他，莫同学会一个人站在过道或蹲在过道很久，对其他同学也造成了很大干扰。其他同学和家长都有反馈这些问题，而我也解决不了，不能给他们一个答复。因此，我向年级和学校求助，希望有更好的办法能解决莫同学的问题。

四、干预效果与反思

经过学校、老师、家长三方到校一起交流后，把莫同学的各种情况、表现汇总后，觉得让莫同学每周六回家休息一个晚上，让其与家长交流，获得家庭的温暖，与杨同学保持一定的距离，再继续观察其情况。

经过上述处理后，近二个月莫同学表现还属正常，只有一次出现过情绪比较低落的情况，但与老师交流后能恢复正常状况，其余时间能正常回归高三的学习。

但是高三还未结束，莫同学的状况还需进一步观察。

11

直面问题，突破自设屏障

——挫折教育案例

案例来源：黄汶平

一、当事人介绍

小文是一个比较文静的女孩子，做事很认真负责，对待朋友非常真诚，有一群玩得很好的朋友。小文在家中是独生女，父母非常宠爱，所以小文平时说话很直接，而且脾气也很火爆。在学习上，小文虽然认真但并不是很努力。

二、问题陈述

进入高三后，班里很多学生或多或少都有焦虑的情况，女生则表现得更明显，小文也不例外。有一段时间，小文开始频繁地请假，或是到了返校的时间总是不愿意准时回校，与家长沟通后才获知小文与同宿舍的女同学因为一点小事大吵了一架。自高二以来小文和宿舍同学关系特别好，都是无话不谈的好朋友，但这次吵完架后谁都不愿意认错，造成宿舍气氛很紧张，小文不能接受原来嬉笑打闹的宿舍变成现在冷冰冰的样子，也不能接受室友们的态度由热情到冷漠，所以每天都很压抑，于是选择逃避学校。

三、问题分析

其实整件事很平常，很多学生都经历过，但是在高三阶段，由于学业压力大，大家都会有点敏感，对事情的容忍程度降低。另外，宿舍的女生性格都是直爽类型，脾气也比较暴躁，加上从小生活条件优渥，凡事都会有点挑剔，不愿意忍让，所以小摩擦上升为大战。争吵或是摩擦是比较正常的事，但小文性格要强，不能接受室友对自己的一丁点不满意，当冲突爆发后，室友对其态度发生大转变，小文越发气愤，把事态进一步扩大，直到整个宿舍同学对她都不搭理，她便选择逃避，不愿意回校，也变得多疑，总以为别人在背后说她的坏话。

四、处理方式

(1) 家校沟通，寻求家长支持

小文一直处于逃避状态，不愿意回校，只能通过家长来开导。

我与小文的母亲通了电话，把整个事件的原委和家长详细说明，并和家长一起分析了小文的心理状态。在沟通后，小文的家长与小文深入地谈了一次，帮着小文分析她在这件事中有哪些事做错了。因为有父母的鼓励，小文重新回到学校，也主动去和宿舍同学沟通，但是情况并没有好转。

(2) 寻找同事的援助

小文主要是跟室友发生矛盾，主要事发地在宿舍，所以我寻求了宿舍生活老师的帮助。

虽然经过宿舍内部的沟通，但是关系也没办法回到以前，在小文心理还是很难接受，我便请求宿舍老师，平时在宿舍多加关注。小文一直郁郁寡欢，很影响学习的状态，一直跟我表达想要换宿舍的想法。

(3) 从根本上去解决——“突破自设屏障”

这次问题对宿舍其他人并没有太大的影响，但是唯独对小文影响很大，这是因为小文自设了屏障，自己走不出来；这个年龄阶段的孩子，对于社交的需求很大，再加上小文好强的性格，更不能接受别人的不认可和室友的漠视，所以用争吵的方式来引起室友的关注，这样反而越来越糟。我找来没有参与这次事件的一个与小文平时关系还可以的女生，让她这段时间多陪伴小文，能让小文感受到来自朋友的关心。之后，把小文的座位与她的室友暂时隔开，让她与一个热情开朗的复读生坐在一起，目的是把小文从一个紧张的环境中换到一个相对缓和的环境。最后，我与小文进行了长时间的聊天，申明我们这学期没办法给她换宿舍，给她两个选择：一个选择是“走读”，这样可以不再跟她们接触，但是这是一种耗时耗力的逃避行为；另一种是选择继续住在宿舍，但是要再次面对室友对自己漠视，或者，自己想办法缓和现在这种紧张关系。小文经过思考后选择后者。我再问小文是否打算与室友们一直保持这种紧张的关系或再通过争辩对错的方式去解决问题，小文都是以摇头回复。我接着跟小文说明友的关系不是通过对与错来判断的，友情更多的是讲情而不是讲理，你要做的是多讲情少争理，小文点头。这次谈话结束后，小文没有再和宿舍同学发生大冲突，关系也有了一定的缓和。

五、反思

耐挫能力是当今的教育应该重视的问题。因为社会的发展，生活条件越来越好，父母都想把最好的给孩子，对于孩子的要求都选择无节制的满足，在这种事事如意的环境中长大的孩子，都存在着遇到困难就逃避的心理。但是社会不会一直让所有人如意，所以在孩子的生活和学习中，应当加入耐挫能力的训练，帮助我们的孩子去正面困难，解决难题。

【知识窗】 人际关系概述

从心理学意义上来说，人际关系是指人与人在交往中所建立的直接的心理联系。心理健康的一个重要指标是人际关系和谐。而对于中学生来说，比较重要的人际关系就是同学之间的关系，也就是同伴关系。

学生的同伴关系对学生的心理发展有重大影响。首先，通过与其他同学的交流可以增加对自己的认识，帮助学生形成自我意识；其次，在与同学交往中可以增长与他人沟通的能力，学习到处理各种关系的方法；最后，学生在同伴交往中满足了他们的归属感，有助于学生同情心、责任感的形成。

同伴关系的形成一般基于仪表、相似性、互补性、榜样作用，同时也会受到距离影响。同伴关系也往往具有随意性，同时有隐蔽性，尤其是男女生之间的交往。有一些心理现象可能会不利于同伴关系形成甚至破坏同伴关系，如自卑心理、嫉妒心理、孤僻心理、逆反心理、支配心理、敌视心理等。

中学生常见的同伴关系问题是人际交往障碍和男女生交往过密问题。

造成同伴关系问题的原因多种多样，大致可以分为以下几种。

① 学生自身个性原因，比如自卑孤僻，或者自高自大，或者攻击性较强等。

② 学生本身生活习惯问题，比如不讲卫生，不爱洗澡等，住宿生中与室友作息不一致，个人生活习惯差更容易导致矛盾发生。

③ 学生本身行为习惯问题，比如爱打骂别人，习惯性指挥支配别人，喜欢议论他人是非等。

④ 学生缺乏人际交往的技巧，不懂沟通，一味去猜。

⑤ 与人交往中分寸界限把握失当，导致男女生交往过密。

应对人际关系问题首先需要与学生建立比较融洽的关系，获得他们的信任。因为要想对他人施加影响，必须要与对方建立和谐的关系，然后对他施加人际影响。应对人际交往障碍重点在于让学生改变不合理认知，改变不良行为习惯，提高学生自信，同时学习必要的人际交往技能。而第二类问题男女生交往过密重点在于合理引导及分寸把握。当然，对于老师来说，更大的优势还在于发动班级同学和家庭的力量，形成家校合力，帮助学生走出心理困境。

第六篇 学困生行为案例

1 致命意外

案例来源：李新齐

一、基本资料

小天，男，15岁，初二学生。不足半年的时间，该生就从一名优秀学子慢慢变成了后进生。

(1) 家庭情况

该生父母早年离异，妈妈跟孩子在一起的时间很少。爸爸常年在外工作，且患有精神疾病，需要用药物控制，所以该生一直跟爷爷奶奶一起生活。奶奶对该生过于宠溺，并常常在他面前灌输，他是一个可怜的孩子，父母不在身边，所以要自立自强。长期在这种家庭环境中生活，导致该生的心理失衡。

(2) 日常表现

在校期间，该生无心向学，作业时有未完成或抄袭的情况；考试的时候更是敷衍了事，客观题随意乱涂，主观题几乎空白。上课常常走神，或者跟旁边的同学讲话，自习课上还会故意弄出一些声响，或者做出一些动作，引得全班骚动，甚至是哄堂大笑，对课堂秩序造成了很大的不良影响。有时顶撞老师，并扬言老师不用管他，也管不了他。同时值日马虎，曾经被年级学生会的同学数次投诉，所以班级常常会被扣卫生分。另外该生还会迟到，对班级的常规有很大影响。同时，该生还佩戴了铁链子，经多次教育终于取下，言行举止都是一副社会青年的做派。

在家期间，该生常常外出，有时深夜才回到家中。朋友圈里还上传了他与人飙车的照片，家人数次劝说也收效甚微。

(3) 交友情况

该生在校期间都是跟班级里表现欠佳的同学在一起，相互之间交流的多是不健康的言论，在校外的交友情况不明。

二、案例陈述

小天同学入学初期是一个成绩良好、谦逊文明的学生。初一下学期上旬一个周日返校的晚自习结束后，很多同学拉着箱子回宿舍，小天同学绊到了一位同学的箱子而摔倒，然后班主任迅速带他到校医室医治。校医检查后怀疑他是骨折，于是联系了校车，班主任立即带他到医院进行救治。后经证实确系骨折，请假在家休养两个星期。返校后胳膊也时有疼痛的现象，老师和同学们都给予他很多的关心和帮助。但随着时间的推移，该生的心理状况越来越异常。先是开始无心向学，很多作业应付了事，考试的时候更是随意涂卡。班主任连同几位科任老师和级长对其进行教育，了解到他是因为生病期间在家中没有得到关爱，于是开始自暴自弃。老师们虽苦口婆心，依然收效甚微。一天晚自习的时候，小天突然将干燥剂倒在一个瓶子里，随即就想喝掉，幸而旁边的同学及时发现并加以制止。班主任叫他到教室外面想要了解他的动机和心理状态，但该生不做任何反应。而后又联系他的家长（他的妈妈和奶奶），家长愿意配合学校共同教育。家长也跟小天进行了交流，还是没有什么改善。

进入到初二以后，小天的行为越来越差，不时有上课讲话、扰乱课堂秩序、顶撞老师等现象，并常常伴有一些污言秽语。值日方面非常不认真，每次他值日，班级必扣分，班主任只好找其他同学顶替他的工作。学习方面还是常有乱涂乱写的情况，上课要么走神，要么看窗外，要么趴桌子睡觉，对于老师的提醒，表现得十分厌烦。期中考试，该生的成绩一下子跌倒了 600 多名。他的行为开始社会化，带着铁链子，走路摇来摇去，一副社会闲散青年的样子。班主任多次要求他摘下铁链子，无果，只得请级长对其进行教育，该生摘下了链子，却表示对级长两个小时的耐心教育，内心没有受到任何触动。该生跟家长提出转学意愿，班主任觉得他转学可能也是想要到一个新的环境，能够重新开始。但是家长并不同意他想转学的要求，并表示熬也要熬完三年。该生对班级的同学和任课老师都带来很大的不良影响。

三、案例分析

(1) 习得性无助

当动物和人经历无法控制的有害事件时，他们就会习得一种被动和无助感，我们称这种状况为习得性无助。抑郁或哭闹的人变得被动是因为他们自己的努力没有任何作用。

小天在受伤之后，在家中没有感受到关怀；相反，家人在他因为疼痛而发出呻吟的时候无意表现出厌烦和嫌弃。本就感觉寄人篱下的小天，无力改变现状，很容易产生无助的感觉；另外由于在家休养两周，致使该生的很多科目的学习都落后了，每个科目的测试成绩都有了很大程度的下降。虽然科任老师们都尽力给他辅导，但所学知识太多，没办法让他在短时间内理解和消化，他原本在成绩方面的领先地位也没办法再保持了。他的家人，尤其是他的奶奶在这段时间非但没有给他安慰和鼓励，反而多次批评了他，奶奶甚至说，他的表现让自己很失望。

情感和学习方面都受到了打击，小天几经努力，但得到的只是一次又一次地失望，他无力改变现状，最终习惯了这种挫败，选择放弃。

(2) 自尊的阴暗面

当发现自己高傲的自尊受到威胁时，人们常常会以打击他人的方式来应对，有时甚至是以暴力的方式反应。一个心高气傲的孩子，如果遭到社会性拒绝的威胁和挫折，那么他可能会因此而自暴自弃。

小天本来是一位品学兼优的学生，有着强烈的自尊心。然而，当他感受到的都是厌弃，体会到的都是无助和落寞时，他的自尊心便开始扭曲，自尊心的阴暗面开始占据上风。这样的学生往往比自尊心没那么强烈的学生的退化过程要更加迅猛和可怕。

四、干预与处理方案

(1) 期望的转化力量

罗伯特·罗森塔尔发现研究中的被试者会坚持等候他们期待的结果出现。

老师的评价是否真的是学生行为的原因而不仅仅是结果呢？威廉·卡拉诺和菲莉丝梅隆对4300名英国学龄儿童做的一项相关研究给出了肯定的答案。并不仅仅是良好的表现会伴随老师的更高评价，相反的过程也同样存在。这种现象我们称之为“教师期望效应”。

期望是如何传达的呢？罗森塔尔和其他研究者指出，老师对那些“潜力较高的学生”施以更多的关注、微笑和点头。老师也有可能花更多的时间教导这些有大才华的学生，给他们设定更高的目标，更多地对他们家访，并给他们更多的时间回答问题。

根据这一理论，教师就需要在教育的过程中，尽量地对学生进行正向评价，并提出积极的期望。针对小天的问题，教师始终坚持以鼓励教育的方式试图感化和影响他。同时，尽可能号召班级的同学关心和照顾他，以弥补他的心理缺失。比如教师节期间，语文课布置了写三行诗的作业，该生写的诗立意独特，经老师修改后被收录到学校的优秀作品中，老师抓住时机，在全班面前加以表扬，期待能够激起他的学习欲望。比如，老师努力寻找他的优点之后发现，他的书写很工整，于是表扬了他的书写工整，在卷面得分上有优势。比如该生难得地认真听课，老师也借机表扬了班级认真学习的同学，其中就包括他的名字。再比如老师们会在课下对他进行面对面的教育，并明确表示他是一位优秀的学生，有潜力为自己创造一个美好的未来。

(2) 态度决定行为

“每个行为都源于一种想法。”——爱默生

态度的研究非常接近教育心理学的核心并且是其最早的关注点之一。一开始，研究者就想知道我们的态度在多大程度上会影响我们的行为。

“我们是什么（内在）”和“我们做什么（外在）”之间到底存在什么样的关系？很久以来，哲学家、神学家和教育学家就一直在思考思维和行动、性格和行为、私人语言和公众行为之间的关系。目前大多数教育、咨询和儿童教养都基于这样一种普遍性的假设，即我们的个人信念和感情决定我们的公众行为，而且如果要改变行为，就必须改变精神和灵魂。

在对小天的教育过程中，老师们一直在探究他的心理状态，试图从最根本的地方来实现对小天态度的转化，进而改善他的行为。老师们通过多种方式了解到造成小天思想转变的因素主要在于家庭，所以多次与他的家长沟通，希望实现家校的联动，共同营造一个充满关爱的环境，共同挽救这个步入歧途的孩子。可惜他的家庭环境复杂，始终没能为孩子创设这种环境。

(3) 接触与沟通

我们称不好的说服为“灌输”，而好的说服则为“教育”。与灌输相比，教育以事实为基础，并且较少使用强制性手段。通俗一点来说，也就是我们把自己信仰的东西称为“教育”，而不信仰的东西称为“灌输”。那么我们在说服的时候就需要注意以下几个问题。

谁说?	说什么?	怎样说?	对谁说?
传达者	信息内容	渠道	听众
信任度	理智对情感	主动对被动	分析型
专业度	差异度	个人对媒体	图像知觉型
可信度	单面对双面		
吸引力	首因对近因		

小天作为一名初二年级的学生，心智尚未成熟。这就要求教师在跟他沟通的过程中，要先获得他的信任，运用他能接受的方法和手段，才有可能说服他、教育他。

五、干预效果与反思

初一下学期开始，班主任从生活关怀入手，数次跟他交流，几无进展。后请级长和科任老师与之交流也没有收获。小天对他的爸爸还保有一点敬畏之心，但亦无法从根本上打动他、转化他。但值得高兴的是，经过多方长时间的努力，该生身上的一些社会化的行为已经得以改正，眼神也变得柔和了一些。

小天遭受了意外，虽然对身体的伤害不是致命的，但是对心理的伤害却是致命的。面对这样的学生，家长是第一责任人，作为监护人有着不可推卸的责任。学校作为辅助方，同样需要全力以赴地对其进行教育。对思想的转化本来就是一件旷日持久的战役，而这也正是教育的意义所在。

2

每一朵花都值得被善待

案例来源：顾晓华

一、基本资料

陈某，单亲家庭，跟随父亲生活。父母离异对陈某的影响比较深，主要表现在陈某与家人之间的交流少之又少，在校期间看似沉默寡言，实则心怀“鬼胎”，经常欺负弱小，无心向学，纪律散漫。

二、案例问题陈述

离异家庭使陈某在家庭中感到孤独无助，家庭中缺乏父母之爱，没有倾吐心声之处，使陈某自卑，苦闷。消极悲观的心理，造成他对家庭无归属感，放学后不想回家，沉迷于游戏和打球，学校里也经常做些小动作或者轻度违规违纪的行为来博得老师和同学们的注意，学习成绩极差，但他热衷于篮球和足球，恨不得所有的课余时间都泡在球场里。

三、案例问题分析

由于缺乏家庭的温暖和家庭教育，陈某行为自由散漫，不遵守纪律，对老师的批评教育有抵触情绪，在同学间也会欺负弱小。在全面掌握了陈某个性品质、兴趣爱好、家庭生活教育情况后，我对其进行了全面的分析，认为陈某脾气性格以及目前的表现，与他的家庭状况以及家庭教育有着密切的关系。

四、干预与处理方案

(1) 多管齐下，以诚感化

对陈某这样的学生仅仅依靠班主任的教育是远远不够的，必须多管齐下，

“综合治理”。我了解了他的家庭状况后，分别和他父母进行了沟通。我找他父亲谈话，向他解释了为未成年人创造一个良好和谐的家庭环境的重要意义，要求他亲自抚养孩子并给予孩子更多的关怀和帮助，消除他心理上的负担。同时，我还多次联系了陈某妈妈这一关键人物，告诉她母亲对于子女在人生道路上的神圣地位，我能理解所有父母强烈的爱子之心，但爱一定要有正确的方式和价值指导。鉴于他父母二人已难破镜重圆，我郑重请求他们最好能多找机会带孩子出来聚一聚，彼此开诚布公地交流自己的心境，使孩子能理解做父母的无奈选择，而不受他们这段不和谐的感情旅程的影响，也让陈某可以再次重温亲情的温暖，过滤自己心中的阴影。“解铃还须系铃人”，没想到陈某的亲人都十分理解我的良苦用心，也积极地配合我的工作，为我的学校教育工作打好了后方基础。

(2) 和风细雨，给予关爱

老师对于那些问题学生不另眼相看，润物细无声，才能达到想要的效果。在帮助教育学生时，要学会换位思考，与学生在交流的火花中熔化问题。在任何时刻，都不放弃一个学生。表面坚强、内心脆弱的人，往往比常人更需要尊重和关怀。“问题学生”的心理比别人要多几分敏感，他们常常将一颗渴望被关注和被尊重的心灵裹藏在密麻麻的针刺外壳里。只有充分尊重他们的人格，才能慢慢走近他们的心灵，唤醒他们那份被遮蔽的良知和自信。

在班级学生面前，我从未将陈某以“问题学生”对待，无论是课堂学习还是课外生活，我总是一视同仁地对待每一个学生。有一次陈某课间在教室里玩闹，故意对弱小同学呼来喝去。我没有马上当众训斥他，而是把他带到一个安静的地方，让他反省自己的错误，然后让他主动向别人道歉。下午放学前我就看到他的周围又围满了朋友。陈某渴望被关注，所以偶尔一段时间他会在课堂上表现得特别认真，每次我都会在察觉到。我请各科任老师，在上课时经常给他发言机会，若有满意的答案，会让同学们报以热烈的掌声对陈某进行鼓励。这一个个细节的温暖，使他自信心大增，也学会了自我约束，得到了同学们越来越多的信任和喜爱。

(3) 量才而用　建立威信

虽然陈某一开始经常扰乱纪律、自制力弱，但是从他的一些小细节表现中我还是发觉到了他的集体荣誉感。他虽然自制力较差，但是喜欢管别人，每当别人做有损班级形象的事情，他都会说到别人脸上，鉴于他这样的表现，我任用他做班级体育委员。

他一开始上任，管理效果可想而知——同学们不仅不听他的，而且会说类似“你自己都不能遵守为什么要我们遵守”之类的话。不过这正是我想要的结果，我每次都会抓住他抓耳挠腮、无回击之力的时候找他来谈心。我会引导他去思考为什么同学们会不服从自己的管理，为什么同学们会那么“嚣张”地反驳体育委员，以后再遇到这样的情况的话自己该放弃体委这一职务还是积极应对……久而久之，我发现他由最初的不想坚持转变到努力改变自身的不足之处，以求以理服人，这是我想要的结果。我为他转变如此之大、慢慢赢得同学们信服而高兴。

五、干预效果与反思

经过两年的努力，现在的陈某不仅是一个乐观向上的好学生，而且是一个体谅父母的好孩子。现在的他，成绩正稳步提升，由年级的500名开外一直进步到现在的年级300名。不仅如此他还有自己明确的中考目标，并为之坚持不懈，全力以赴。对此，我获得了一些有益的启示。

① 要特别重视“问题学生”的转化工作，决不能漠视他们的存在。

② 要动员各方力量，共同搞好“问题学生”的转化工作。

③ 要注重工作策略，注意从细节中发掘育人的契机。

教书育人是细活，需要的是耐心。如果遇事不冷静，爱冲动，由着性子，容易把事情搞得一团糟。如果事事发脾气，自以为是，独断专行，容易伤害学生的自尊心、自信心，一些学生甚至会“破罐子破摔”，从此走下坡路。由于每一位学生的社会环境、家庭环境、教育条件、本人努力的程度以及身心状况不同，造成了学生之间的差异。老师应该看到每一个学生都是独一无二的世界，每一个学生都有着自己的兴趣爱好和特长志趣，要想使每一个学生都得到全面发展，就必须想方设法取得学生们的信任和配合，而不能靠使性子、发脾气。我们应该创建一种新型的师生关系，学会换位思考，让学生卸下心灵上的防护设备，真心地把老师当成他们的知心朋友。

3

春风化雨，不厌其烦

——问题学生转化案例分析

案例来源：程洁

一、个案基本情况

施某，男，15岁，现就读于某校初三年级。刚入班时，留长发，校服穿着不合格，抽烟，携带手机等违禁品；上课无精打采，搞小动作、说话；周末作业经常不做，即使做了，书写也相当潦草……科任教师和班委屡屡向我告急求救。

二、原因分析

(1) 家庭教育缺位

施同学是家里最小的孩子，集万千宠爱于一身。平日里，父母忙于工作，对施同学的监管少之又少，也几乎没有什么内心的沟通，且因为自身文化水平有限，觉得对于孩子的问题无计可施，也以此为理由，更是疏于对孩子适时正确地引导，这样孩子在形成的意识中无从判断自己的行为是否是正确的，久而久之就变成了一种习惯性的行为。家长更多的时候是依赖学校老师的教育，家长当“甩手掌柜”。苏霍姆林斯基说：“生活向学校提出的任务变得如此复杂，以至如果没有整个社会，首先是家庭的高度教育素养，那么不管教育者付出多大的努力，都收不到圆满的效果。”家长是教育的主人，是教育的生力军，对孩子的教育不能推诿，不能逃避，要积极和老师配合。

(2) 自我意识较强

“问题学生”通常是集体荣誉的破坏者，同学都讨厌害怕他们，不愿和他们亲近，因此会丧失集体友谊和同情，个人自我意识较强。即使他们有过勇于改正错误的表现，但也常常难以得到重视、信任和鼓励，因而他们产生了心理对抗；另一方面，一般“问题学生”由于学习成绩差、表现不好，经常成为老师批评、家长打骂、同学嘲笑的对象。为了表示不满与反抗，他们在外表上往往表现出傲慢骄横的样子，而其内心却又常常低估自己，看不到自己的优点和长处，总觉得自己处处不如人，对自己缺乏信心，久而久之，形成了强烈的自卑心理和“表里不一”的心理特点：外表对批评满不在乎，内心却蕴藏着要求进步的“火种”；外表对人对事漠不关心、不太合群，内心却渴望友谊、理解、尊重、支持和信任。

(3) 同伴教育偏位

青春期是人生中可塑性最强的黄金时期，是青少年发育成长的一个重要阶段。在思想上处于青春期的青少年可以积极性向上，也可以无所作为，这取决于他们能否受到正确的教育和引导。中学生乐于模仿他们认可的行为和形象，特别是同龄人，更能引起共鸣，而且这种共鸣和模仿学习的行为是自发的，只是需要一个诱因，而这个诱因就是“同伴教育”所带来的。同伴教育指的是人们通常愿意听取年龄相仿，知识背景、兴趣爱好相近的同伴、朋友的意见和建议。青少年尤其如此。特别在一些敏感问题上，青少年往往能够听取或采纳同伴的意见和建议。同伴教育就是利用青少年的趋众倾向，对青少年进行教育的方式。而施同学从小学起，经常和一些“地痞气”的同龄人一起玩乐，潜移默化中养成了很多与这个年纪不相符的坏习惯，甚至是趋成人化的思想作风。

三、干预步骤

(1) 以人为本，付出真爱

教育学生，首先要搭建与学生心灵相通的爱心桥梁，这样老师才会产生热爱之情。对于施同学这样特殊的问题学生，我们要放下架子亲近他，敞开心扉，以关爱之心来触动他的心弦。“动之以情，晓之以理”，用爱去温暖他，用情去感化他，用理去说服他，从而促使他主动地认识并改正错误。入学初，他是班级长住生，周末不回家，在学校住。由于他的自制力差，没有家长和老师的监督，周末作业经常不完成。见状，他的周末作业我亲自检查。在检查时，我又担心他会抄袭，就故意对作业的试题进行提问，他不会的题目，我耐心讲解。其实他挺聪明的，我一讲他就会。那一刻，我分明看到了他嘴角上扬，目光柔和，我也感到些许欣慰。实际上不是他学不会，而是他懒，不用心。慢慢地，我们的心近了。

(2) 以生之助，友情感化

对一个问题学生来说，同学的帮助是必不可少的，同学的力量有时胜过老师的力量。同学之间一旦建立起友谊的桥梁，他们之间就会无话不说。同学是学生的益友。通过同学的教育、感染，促进了同学间的情感交流，在转化问题学生工作中就能达到事半功倍的效果。为了提高他的学习成绩，除了在思想上教育他、感化他，我特意安排一个责任心强、学习成绩好、乐于助人、耐心细致的同学跟他坐同桌，目的是发挥同桌的力量。事前，我先对这个同学进行了一番谈话：为了班集体，不要歧视他，要尽你自己最大的努力，耐心地帮助他，使其进步。此同学满口答应，并充分利用课余时间或课堂时间帮助他、教育他。渐渐地，我开始发现他在课堂上不再睡觉、不再说话、不再顶撞老师，并且积极地回答老师提出的问题。他和我们老师之间的信任度日益提升。

(3) 助其成功，树立自信

进入初三，我给他安排了班级卫生委员的职务，看得出他在班级卫生管理方面很是用心，正因为此，班级也多次获得流动红旗。在平时布置班务时，他那种胆大心细，无不体现着高度的自信和强大的底气。初三第一次月考时他从年级 598 名进步到 322 名，是我班进步幅度最大的一个，我很欣慰。之后，我又给他做了新的计划与指导：进步这么大，说明这段时间你确实非常努力，那么下次要在这个基础上进步可不是容易的事情，要更加努力。还应该看到自己的优势学科和劣势学科，比如英语和语文，不能放弃，越是这两个学科差，越有进步的空间，下次要想有大进步就要从这两个学科提升……平时情况也表明，跟一个屡战屡败者大谈增强信心之类的话意义并不大；事实也证明，学习成绩的好坏，学生仍十分看重。因此，针对问题学生的状况，我们有效提高他的学习成果作为其增强信心的切入点，具体做法如下：

① 分析现状，提出目标。

② 对他进行具体指导，帮助他实现目标。

③ 对于他的进步及时给予充分的肯定与表扬，让其体验成功。

四、反思

总之，转化问题学生的教育工作是一项长期、复杂、艰巨的教育系统工程。要长期坚持，谨防虎头蛇尾。在转化过程中，问题学生的表现容易出现多次反复，对他们的转化工作不可能一蹴而就，我们一定要有满腔热情，必须遵循教育规律，“反复抓，抓反复”，因势利导，使问题学生保持不断前进的势头，万不可虎头蛇尾，前功尽弃！所以，一发现他们有不好的苗头，我们就通过各种方法改变他们的这种状况，使他们回到正确的轨道上来。在今后的教育工作中，我也认识到对问题学生更应该晓之以理、动之以情，运用宽容的手段，多一份耐心，多一份爱心，多一份理解，多一份信任，才会取得最佳的效果。

4

用心方能优秀，用爱必能感化

案例来源：孙兴彬

一、案例基本情况

小周同学，毕业于华南师大附中汕尾学校。小周同学身高不高，智商正常，没有心理疾病，懂得基本的礼貌，但从初一入学他学习习惯较差，上课纪律意识淡薄，不遵守班级自习纪律，各科作业完成质量较差，好动喜欢捉弄同学，有时候会聚集他人参与打架斗殴，尤其进入初三有男女交往过密倾向，私自携带手机等违禁物品。根据他之前的班主任反应，这个孩子不管是鼓励还是关爱教育都起不到作用。

二、原因分析

（1）家庭原因

根据学生家长反应，孩子进入中学出现叛逆主要是因为在该学生进入初中时，他的妈妈又生了一个妹妹，家庭的重心都放在他刚出生的妹妹身上，忽略了对该学生的关心以及心理教育。

（2）虚荣的心理

我所教的班级在年级来说还是一个相对不错的班级，班级学生的家庭背景相对优越，一些学生家里特别有钱。由于大多数学生家庭条件较好，容易引起其他同学的羡慕，而且有些有钱的男孩子喜欢将自己打扮得相对帅气，自然会吸引一些小女孩的倾慕。小周同学为了得到同学的关注，故意走近这些有钱的同学，成为他们的好朋友，在班级成了有钱同学的小跟班。由于这些有钱爱打扮的同学学习成绩相对不够理想，学生学习积极性不高，所以小周同学也开始对学习失去兴趣，慢慢养成很多不良的学习习惯。

（3）学习习惯性问题

小周同学在家很少完成周末作业，而且总是在老师面前进行伪装。早读的时候，老师在班级他就会拿出课本读书，当老师离开教室他立即停止读书；在自习课上老师进班值班，他很安静，但是老师离开教室他就会给其他同学传纸条，和其他同学讲话；每次犯了错误，老师找他谈话，他总是在老师面前表现得一副可怜的样子，或者一副保证十足的模样。

(4) 逃避责任的心理

小周同学自尊心很强，一直希望成为班级同学羡慕的对象，但是他做事能力并不强。有些事情自己不愿意去尝试，或者有些事情自己尝试去做，也不会全心去做。因为他害怕自己完成不了这项任务时会被同学取笑，认为被同学取笑会丢自己的面子，所以小周同学每次做事情完成不了时总喜欢找理由为自己开脱。当小周同学在班级犯了错误也会找各种理由认为不是自己的错误，甚至有时候通过撒谎逃避错误，久而久之强化了自己撒谎的意识。当不想为自己做的事情承担责任的时候，撒谎就成了解决问题的有效方式。

三、干预措施

(1) 关爱教育

对于小周的行为习惯，老师并没有放弃这位同学，而是想办法慢慢地改变他的不良习惯。首先老师根据他自尊心比较强的特点，在班级多去发现他的优点，在班级同学面前多去表扬他的优点，让他在班级同学面前找到存在感，然后利用这种存在感让他去约束自身的行为。老师同时也会多去关心他，尽量拉近他与老师之间的距离，对老师产生信任和认可。

(2) 激励教育

小周同学自尊心较重，在青春期恋爱思想萌动，喜欢班级女生对他多加关注。我利用这个特点，让班级学习优秀的女生观察他的行为表现，对他表现好的地方多去夸赞，然后让这些优秀的同学根据他优秀的表现多去鼓励他，这样让他意识到他在班级同学心目中的形象是优秀的，从而使他更愿意为班级做贡献。

(3) 严爱相加

我们知道改变他的行为没有那么容易，也不可能急于求成，但是也不能因为一个人的不良行为而影响整个班级，所以老师也会对他的行为约法三章——对于他犯的错误我们会给他改过的机会，但是相同的错误屡次去犯我们也会制定相应的惩罚措施。比如：自习课爱讲话，可以让他自习课来办公室独自学习；对于他爱迟到问题，我们就让他练习跑步速度。我们要相信光有爱的教育对于某些学生是完全起不到作用的，就像一个国家的发展不可能只靠鼓励就能维持正常的秩序，它还需要法律的约束。班级的管理也一样，我们需要更多地给学生一些关爱，但也离不开偶尔惩罚性的约束。

四、反思

虽然小周毕业的时候还不是老师心目中优秀的学生，他的中考成绩还不尽如人意，但是在三年的学习生活中，他的生活习惯得到了改正，能够按时到班级，并在自习课上安静地学习自己能学会的科目，在老师上课时他也能够对自己喜欢的科目全神贯注，能够在考试的时候对自己学懂的科目认真答卷并取得较好的成绩。我始终相信教育学生我们不能急于一时，它需要我们有足够的耐心和爱心，因为每个学生都是不同的花蕾，而每个人的花期却不相同。对于在求学道路偶尔走错方向的同学，我们要勇于尝试，敢于坚持，这也是我作为班主任的基本准则。每个人的成长经历不同，每个人生活中的故事也不同，但每个家庭对孩子教育的要求却是相似的。作为老师，我们需要努力做好自身的职责，勇于承担自身的责任，努力帮助每一个孩子成长成才。

5

尊师重教，努力拼搏

案例来源：李楚辉

一、案例当事人基本资料

苏某，男，15岁，在校学生。该生性格开朗，善于交际，但该生对班级事务漠不关心，对待学习态度极端懒散，对待父母缺少一份孩子对长辈的尊重。该生父母从事渔业，平时父亲较少在家，与孩子的交流较少；该生小学三年级前成绩还可以，之后因沉迷网络导致成绩下降，与兄弟姐妹间的交流也较少，父母对其管束也没有什么效果。父母对孩子在学习上的期望不高，仅限于口头上，在校读书尽力就行。该生在校学习态度不端正，行为举止较为傲慢。

二、案例问题陈述与分析

在校学习情况，该生自初二插班成为班级一员以来，学习成绩不是很理想。在校期间，他甚至出现痞性行为表现，目睹同学间打架无动于衷，私带手机借与他人使用，不尊重家长，顶撞老师等。但是在与该生的交往与交流过程中发现他是一个善良、懂得感恩的孩子，虽然行动上没有贯彻，但是从他的思想表现知道，孩子本性善良，只是疏于约束、引导，让他情感淡薄，举止傲慢。家庭对其要求不具体，目标不明确。

三、干预与处理方案

(1) 知己知彼，出谋划策

在与他的交流中，得知其与父母沟通较少，父母在其心中的威严并没有完全建立起来，与姐姐沟通较少，又觉得弟弟过小，不屑于与之交流。在与其交流时谈及小学的学习情况时，他对于自身成绩下降的原因还是比较清晰明确的：沉迷网络游戏，知道不能再这样下去，想好好学习，但坚持的时间较短。那次交流让我非常深刻，说明孩子明辨是非，对自身应该做什么也有一个大概的方向，我深为感动。我对他说，能认识到问题的所在，说明你长大了，也明白读书的重要性。针对其基础实在过于薄弱，我对其提出一些简单可行的学习建议，鼓励其努力完成，一定会有所收获的。

(2) 时刻关注，及时表扬

一次不经意的表扬，让孩子对数学的学习积极主动。我发现后及时表扬，加强其良好的行为习惯，同时及时在家长群内对其进行表扬，鼓励家长对其进行表扬。一方面通过家长对其表扬引导其养成良好的学习习惯，一方面也通过这种方式加强其与父母的沟通，拉近其与父母的距离，树立家长在其心中的威信。

(3) 尊师重道，约束行为

长时间的关注及肯定表扬，孩子心中多多少少也能感受到，在校道上打招呼也从一开始的形式化慢慢的到发自内心、热情礼貌。之后我与其的谈话内容也从一开始在学习上的一些简单任务的布置到一些生活上的琐事，灌输感恩、尊重的内容，同时也提出一些事情的正确处理方法，以求规范其行为。从目前来看，调皮捣蛋少了，安静时刻多了。但是一些小毛病依然存在，学习上缺乏目标驱动。

(4) 明确目标，努力拼搏

进入初三，问其目标是什么，他说希望每一次都有点进步，也希望能考到华附高中部。我针对其现在的成绩，分析现在的现状和努力的方向，鼓励其只要努力奋斗，机会还是有的。

第一次月考后，苏同学进步了 29 名，虽进步不大，但基本步入较为良性的学习状态；第二次月考也进步了 40 名，对比其初二刚入学时进步 84 名。

四、干预效果与反思

尽管最终的结果还没有呈现出来，但是从一个学习吊儿郎当、行为举止傲慢的孩子蜕变成努力学习、对待老师热情礼貌的孩子，可以看出他的目标已经明确，对待学习态度也越来越认真。不管最终的结果如何，学生学习的劲儿已经被拔高，我们的初衷已经达到，现在要做的就是维持现状，实现目标。

无论最终能不能将目标实现，孩子的蜕变相信也是其最大的收获！

【知识窗】学困生问题概述

目前学界对于学困生并没有准确的定义，但是学校中又存在一些特殊的学生，他们智力正常，但是学习成绩非常差、纪律也非常不好，这类学生的教育及转化一直是一个难题，为了有针对性地研究，我们特别将这类学生做为一个单独的类别。

本书中的学困生主要指智力正常，但是学习成绩明显低于同年级学生并且存在一系列行为习惯问题的学生。

关于学困生的成因较为复杂，大致可以从四个方面来分析。

① 学生自身原因：学习基础不牢、学习方法不当、学习习惯不良、学习缺乏兴趣、学习意志薄弱等。

② 学校方面的原因：教师本身态度不平等、教法不够灵活。

③ 家庭方面的原因：家庭产生重大变故、家庭环境对学生的不良熏陶、家庭的不良教育方式。

④ 社会上的原因：读书无用论的流行、网吧等不良环境的影响。

针对以上问题可以采取以下相应的转化策略。

① 建立良好的师生关系，为下一步转化做准备。在这个过程中教师需要倾注爱心和耐心，培养与学生的信任合作关系；

② 了解原因，对症下药；

③ 使用多种手段激发学生学习兴趣、培养学生的信心、激发学生去探索适合的学习方法；

④ 宽严相济，使学生养成良好的学习习惯；

⑤ 家校合作，形成合力。

第七篇
自残行为案例

1
心有阳光，暖化冰川

案例来源：阙淑敏

一、个案基本情况

张某是一名比较早熟的学生，平日对于班级事务也比较上心，乐于帮助同学。但由于是家里的长子，其父母尤其是其父亲对他的要求比较高。孩子平日里对自己的要求也比较高，因此压力也比较大。

进入青春期之后，张某在与同学交往的时候，因遭到同学的拒绝而感到挫败。同时因为进入青春期不愿多与父母沟通，因此在家与家人产生了摩擦。

加之孩子近期学习成绩的下降，孩子开始不愿多待在家里。且在挫折面前，孩子无法面对，对于自身内心的挫败感与烦躁感到无处发泄，也不知如何发泄，在这样的情况下，孩子开始伤害自己，通过肉体上的伤害来转移精神上的注意力，也通过携带酒类、手机到校来转移自身的注意力。且在老师与其交流中，孩子的心思比较重，不愿与老师进行多沟通交流，感觉孩子就是一块冷冰冰的冰川，将自己冰冻了起来，阴暗而寒冷。

二、原因分析

(1) 家庭教育

经了解其父母是个体户，平日工作较为繁忙，其父亲是比较典型的大男子主义，对孩子的教育方式比较简单粗暴。

张某从小面对的是父亲的棍棒教育与高压教育。在与其父母的交流中，其父亲多次提到“这次孩子已经废了，没用了，不要读书了，我要打死他。”言语之中充满了对孩子的失望与愤怒，对孩子的教育方式单一，且要求较高，不易实现，从而导致孩子对自身失望，存在一定自卑心理。

其母亲比较柔弱，对孩子也比较溺爱。对于丈夫的教育方式不认可，心疼孩子，但却无能为力。夫妻双方也因孩子的教育问题而存在异议与争执，因为父亲比较强势，张某看在眼里有时候也感到气愤。

在与其母亲交流中，她多次强调近期工作杂事繁忙，疏忽了孩子。这也是孩子在家庭中没有感受到关爱，觉得自己孤独，甚至觉得自己很惨的原因。

(2) 定位不同，自我认识出现偏差

在之前张某就读小学的时候，因自身比较调皮与不懂事，误交了朋友，做错了一些事情，受到了身边人的否定，认为自己是一个“差生”。对自己也失去了自信，而这个时候父亲也是比较简单粗暴地棍棒教育，让张某没有真正地从之前的事情走出来。

(3) 抗挫能力较低

与张某的交流中，可以得知孩子一旦面对挫折就认为是一件十分严重的事情，没有正确认识挫折，没有意识到挫折是人生经历中的一部分，且面对挫折没有正确的应对方法。

(4) 人际关系

张某思想相对班级同学较为成熟，且朋友较少，从朋友中不能获得有效的支持，从而不能有效排解心中的苦闷。

三、干预步骤

(1) 关注与尊重

经过调查，了解到孩子其实内心是向往温暖与爱的，只是许多时候家里没有办法给他，身边也没有人可以听他倾诉。因为孩子进入了青春期，一下子也不愿意直接与别人交流。而关注到孩子愿意帮助他人与对班级事务的热情，许多时候，我都会“要求”张某帮我做一些小事情，跟孩子拉拉家常，却不直接说起孩子的事情，而是借机关心一下孩子近期的生活，从侧面去与孩子交流。得知孩子喜欢看书，我也推荐了孩子看书，并且与他一起看书，共同交流分享对书中人物事件的看法，在不知不觉中引导孩子对事物的看法。久而久之，孩子也慢慢地对我放下了戒心，对我说出了并逐渐改变了他自己内心的想法。

(2) 多方发掘孩子的闪亮点，激励型模式鼓励孩子

因为孩子在体育方面与理科学习方面比较有天赋，因此我与相关的科任老师交流，拜托相关的科任老师多关注孩子的动态，多多肯定孩子，发掘孩子的发光点，让孩子找到自信。

(3) 慢慢普及挫折教育

通过政治课与心理健康教育课，有意识地向孩子们普及挫折教育的定义以及引导孩子正确面对挫折。慢慢鼓励孩子正视成长的烦恼。

(4) 创建友好的外在环境

孩子的家庭环境，我们只能站在教育者的角度提出建议，但不可干涉过多。而孩子的在校环境，我们是可以引导的。我给张某重新安排了班级中比较阳光开朗的孩子与需要他帮助的孩子，暗中也对他身边的孩子进行引导。通过帮其建立友好的人际关系来帮其找到小伙伴，平时也有了可以倾诉的对象。

四、干预结果与反思

(1) 干预结果

通过长时间的努力，张某已经停止了伤害自己的行为，平时阳光自信了许多，与同学的交往也日益顺利，有了自己要好的小伙伴。

步入初三之后，张某没有被初三的学习压力击垮，面对考试失利也学会一笑而过，越来越努力。张某于近期考试中也连续取得了多科单科状元的优秀成绩。

(2) 反思

慎重对待孩子的评价与方式。从张某的经历中我们得知，张某小学时期受到其他人对他的定位是差生，而因此导致孩子长期对自己都十分不自信。因此我们要正确看待孩子的成长，多方位评价孩子，多挖掘孩子的亮点。

同时我们要做一个教育的有心人，要细心、耐心，且要有爱心，做一个有温度的教育者，尽自己所能去帮助每一个孩子，使每一个孩子都能够找到属于他们心底里的光。

【知识窗】中学生自残危机问题

自残是指个体刻意对自身肢体和精神的伤害行为。中学生自残行为主要指有意伤害自己身体的行为。常见的方式有割伤、抓伤、烧灼、吞服有毒有害物质等。自残的最极端情况就是自杀。自残行为并不少见。大部分中学生出现自残行为时，应及时采取干预措施，否则会严重损害青少年的身心健康，甚至会影响周围个体，形成自残跟风行为，造成类似的心理侵蚀。比如纹身行为，很多未成年人都觉得纹身很酷，所以在轻率决定之后才感到后悔。

有研究表明，采用自残行为者往往痛苦情绪的极限水平比较高，他们更容易被激起强烈的难以忍受的负性情绪，以至于产生需要即刻缓解的巨大情绪压力。这时候他们往往采用自残的方式来疏导，让自己有一个快速的释放出口。具有自残行为的中学生个体往往有较低的自尊水平，自我评价低，自我效能感低，自我认识多为负面。比如个别学生认为成绩不好就代表一切都不好，是废物，没有活着的意义，当考试失利之后就有极大可能采取自残的方式惩罚自己。

中学生个体产生自残想法或行为大多因为自己无法面对现实生活中的压力，对自己感到极度的失望，对现实有种深深的无力感，通过对自己的身体虐待，释放情绪，获得控制感，惩罚自己，从而减轻自己的自责感、自罪感和无力感，逃避现实。中学生自残行为的背后，是现实生活对其深刻的影响，而这些影响主要来自以下方面。

第一，特殊的家庭环境。不少具有自残行为的学生都与其童年时的家庭经历有关系。单亲家庭、隔代养育、分离式教育以及父母不正确的教育方式，如小时候过度溺爱，上学后约束严谨或者粗暴的棍棒教育，导致中学生与父母之间难以形成正常的沟通；或是家庭中从不听取孩子意见或想法，成长过程中忽视了孩子的心理感受，使他们觉得自己难以掌握解决问题的方法。长此以往，学生无法形成对自己的正确认识，感觉一切问题的根源都是自己，产生极强的负性情绪及自罪感。这样的情况下很容易产生自残行为。

第二，不良的生活事件体验。出现自残行为的个体一般都会受到不良生活事件的影响，在中学生群体中比如考试失利、校园霸凌、性骚扰或者周围群体的自伤行为。

第三，潜在的心理疾病。部分具有自残行为的个体可能正在经历某些心理疾病的困扰，比如抑郁症、焦虑症、强迫症等。当学生遇到强大压力时，无法控制自己陷入难受的情绪体验中，就有可能进行自我伤害。

首先，自残行为对于中学生而言是一种生命危机，严重者极有可能失去生命，所以作为老师一定要仔细留心，关注学生的“警报行为”，从根源上阻止该行为的发生。比如关注学生近期和之前的明显改变，比如手臂上佩戴饰物是否是用来掩盖伤痕；情绪上是否比平时更加不稳定，易发怒，情绪低落，哭泣或是孤僻；学习成绩上是否有明显的大波动等。

其次，当面临中学生自残问题时，教师应该具体关注，了解清楚该行为产生的根源，再对症下药，帮助学生进行心理疏导。充分关注学生的家庭状况，联系其家长做好沟通是保护学生的第一步。然后重视学生的自我感受，主动和学生谈论这个话题，分享他的感受，并尝试理解他。如果学生不愿意谈，可以适当地分散他的注意力，尝试用其他方法引导其释放压力，比如看喜剧电影、去散步等。当孩子愿意和我们交流时，一定要做一个好的倾听者，冷静而认真地去聆听他的想法和感受，承认和接受他已有的自残行为，不要随意打断他关于自残行为的描述，要对其行为表示关爱，和他一起探讨该怎么做才能帮助他。当遇到自残情况严重的学生时，强制制止其停止自残并不是解决问题的好办法，这样往往会让学生感觉不被理解，从而导致信任丧失，这样很有可能让结果更糟。克服自残行为，只能让学生自己慢慢去思考，去接受。可以引导学生学会考虑该行为结果，相信并鼓励学生能够建立起对自己行为负责的意识。但是在遇到自残情况严重的学生时，一定要在和学生家长沟通后合理地限制其自残行为，以保障生命安全，同时可以尝试和学生一起为自残行为寻找替代方法，比如用手握寒冰让其融化的方法或者捶打枕头的方法释放自己那刻难以控制的情绪。

最后，在及时处理之后，为保障学生生命安全以及后期心理健康发展，应及时建议学生在其家人的陪同下寻求专业的心理援助。通过专业的心理疏导、心理治疗等方式帮助学生改变错误认知，学会控制情绪，释放压力，增强个人效能感，改善人际关系。

参 考 文 献

[1] 雷雳．初中生心理健康指导手册．北京：科学出版社，2004.
[2] 刘海莉，刘春杰．学生心理健康教育全手册．南京：江苏教育出版社，2011.
[3] 郑雪．中小学心理健康教育．广州：暨南大学出版社，2001.
[4] 郑希付．中学生心理健康教育案例分析．广州：广东高等教育出版社，2004.
[5] 柳建营，刘晓明．青年心理健康课程．北京：北京工业大学出版社，2002.
[6] 候慧君，辛爱民．青春期心理健康教育．北京：金盾出版社，2002.
[7] 贾晓波，李慧生．高中生心理适应能力训练教程．天津：天津教育出版社，2001.
[8] 李百珍．青少年心理卫生与心理咨询．北京：北京师范大学出版社，1997.
[9] 刘维良，齐建芳．中小学心理健康教育．北京：华文出版社，2000.
[10] 沃建中．心理健康教育指导．自我篇．北京：科学出版社，2003.
[11] 王玲．高中生常见心理问题及疏导．广州：暨南大学出版社，2006.
[12] 史彩娥．中小学心理健康教育案例．北京：文心出版社，2007.
[13] 傅小兰，张侃．中国国民心理健康发展报告．北京：社会科学文献出版社，2018.
[14] 王秋诗．超越挫折心理学．北京：外文出版社，2013.
[15] 叶一舵．中小学心理健康教育课课堂实录 45 例．福州：福建教育出版社，2018.